中国传统记忆丛书

图说老家风

中国传统记忆丛书

图说老家家风

矫友田 著

济南出版社

岁月到底为我们留下了什么，又带走了什么呢？

在这个日益喧哗和浮躁的红尘中，我们往往轻易地就选择了遗忘：将那些萦绕着童年欢悦的炊烟，以及淳朴的笑容和充满睿智的叮咛，都湮没在慵散的时光里。

假如真是这样，或许有一天，我们会蓦然发现，自己的灵魂之根竟不知该扎往何处。因为：

我们已经遗忘了太多本真的记忆。

一个人丢失了本真，就会失去自我。一个民族丢失了传统，就会失去世界。

传统文化，是一个民族的灵魂，也是一个国家的精神基石。留住那些传统的记忆，不仅仅是留住我们心灵的栖息地，更重要的是留住了一眼涌动着美德之水的甘泉。

图书在版编目（CIP）数据

图说老家风 / 矫友田著 . —济南：济南出版社，
2015.2（2023.5 重印）

（中国传统记忆丛书）

ISBN 978-7-5488-1442-9

Ⅰ . ①图… Ⅱ . ①矫… Ⅲ . ①散文集—中国—当代
Ⅳ . ① I 267

中国版本图书馆 CIP 数据核字 (2015) 第 032245 号

出 版 人	崔　　刚
丛书策划	张元立
责任编辑	胡瑞成
装帧设计	侯文英

出版发行	济南出版社
地　　址	济南市二环南路 1 号 (250002)
发行热线	0531-86116641　86922073　67817923
编辑热线	0531-86131721　86131722
网　　址	www.jnpub.com
经　　销	新华书店
印　　刷	肥城新华印刷有限公司
版　　次	2023 年 5 月第 1 版第 2 次印刷
规　　格	150 毫米 × 230 毫米　16 开
印　　张	14
字　　数	200 千
定　　价	48.00 元

写在前面

时光荏苒，每个日子都将定格为历史。

回首那一个个渐行渐远的日子，无论是澎湃激情，还是满腹惆怅，都已伴随着岁月的风尘一点点地泛黄，抑或彻底地褪去色泽。

岁月到底为我们留下了什么，又带走了什么呢？

在这个日益喧哗和浮躁的红尘中，我们往往轻易地就选择了遗忘：将那些萦绕着童年欢悦的炊烟，以及淳朴的笑容和充满睿智的叮咛，都湮没在慵散的时光里。

假如真是这样，或许有一天，我们会蓦然发现，自己的灵魂之根竟不知该扎往何处。因为，我们已经遗忘了太多本真的记忆。

一个人丢失了本真，就会失去自我；一个民族丢失了传统，就会失去世界。

传统文化，是一个民族的灵魂，也是一个国家的精神基石。留住那些传统的记忆，不仅仅是留住我们心灵的栖息地，更重要的是留住了一眼涌动着美德之水的甘泉。

正是基于这个目的，我们筹划推出了以"中国传统记忆"为主题的系列图文书，以期将更多传统文化的印记重新展示在你的面前，使你在愉快的阅读中，能够寻找回更多淳朴与本真的景象。在阅读的过程中，你会从那些与历史、民俗相关的记述中，领悟到中华民族传统文化的本源，然后，怀着一颗敬畏的心去面对大千世界的芸芸众生。

以"中国传统记忆"这个主题作为创作主攻的方向至今，我已经陆续在全国各地走访、拍照七八个年头，搜集到了大量的一手资料。期间所经历的酸甜苦辣，都已经化为创作的动力，融入每一行

文字当中。

　　首批推出的"中国传统记忆丛书"共分四册：《图说老祖师》《图说老吉祥》《图说老物件》《图说老家风》。这既是我们在"中国传统记忆丛书"这个系列上的第一次"收获"，也是我们再一次"播种"的开端。我们会尽最大的努力，保证作品文字的生动趣味性和图片的丰富多彩性，从而将其打造成一套既具有阅读价值，又具有收藏意义的系列精品图书。

　　传统记忆，写满了沧桑，也印证了无数的精彩与希冀！

　　我们坚信，第二次、第三次及至更多的"收获"，会伴随我们的努力耕耘，如期而至。

　　如果这套丛书能够得到你的欣赏，为你唤回一些美好的思绪，并让你的心灵因传统文化的润泽而变得更加充实和明朗，我们将倍感欣慰。

　　我们也更愿意继续！

矫友田

2014 年 11 月

目　录

第一章
家风绵延，谱泽后世

中华传统文化博大精深，源远流长。家风文化，作为传统文化的一个重要组成部分，在我国历史上有着十分深远的影响。

那么，什么是"家风"呢？

家风，是指一个家庭或家族的传统风尚和作风，是世代相传的朴素沉淀，同时家风也蕴含着丰富的时代特征。一个家庭或家族的生活方式、文化氛围，即构成了家风。

换一句话来说，当一个家庭或家族的家训、家规，形成家庭或家族的公众行为习惯，即构成家风。家风，就是一个家庭或家族的家文化。

国家的繁荣与发展，离不开每一个家庭的贡献。良好的家风，能够促使社会风气的清正。

◎家训萌芽之"长老训教"

在我国历史上，家风对个人的修身，对一个家庭或家族的传承，甚至是对国家的兴旺，都发挥着不可忽视的推动作用。

由此可见，家训、家规是促使一个家庭或家族形成家风的基石。这就如同一棵参天大树，同样需要经过种子的孕育一样，而家训，便是那一粒珍贵的种子。

种子，既代表着生命，又代表着希望。在重温传统家风文化之前，我们有必要简单了解一下家训的发展历程。家训在某一个时代的历史，往往也蕴含着家风在同一个时代所形成的面貌。这两者之间，是顺理成章的因果关系。

家训，对于现代人来说，或许是一个比较陌生的名字。但在过去，它却是一个常用词，因为"人必有家，家必有训"。自古及今，中国人的家训，便充满了光彩熠熠的智慧。

古代家庭或家族内部的父祖辈们，对子孙后代欲进行言行规范时，一般都要提出种种劝谕或惩戒。这些内容，有的称为家训、庭训，有的称为家法、家规，但它们所代表的意思都是一样的。其内容之丰富，涉及面之广博，影响之深刻，是世界各国文化所不具备的。

人寿年丰，福气满门，是每一个家庭的愿望。良好家风，是一个家庭走向兴旺的基石。这是清代版杨家埠年画《鸿福满堂图》。

中国传统记忆丛书

圖說
老家風

2

家训，是随着家庭的产生而形成的一种教育形式。它随着家庭的发展而不断丰富、完善，与社会制度有着密切的联系。

"长老训教"就是萌芽状态的家训。先秦之前，家训主要散见于"长老训教"之中。今天，在我国民间还流传着"不听老人言，吃亏在眼前"的俗语。这里的"老人言"，与"长老训教"的意思应该差不多。

龙，是中华民族的精神图腾。龙凤呈祥，是社会公平、家庭幸福美满的象征。这是京绣的"龙凤呈祥"图案。

所谓的"长老训教"，是指富有经验的长者对晚辈所进行的有关生产方式、生活经验等方面的教育和训导。

在我国历史上，最早有文字记载的家训，是西周时期的《姬旦家训》。姬旦，史称周公，是西周初期杰出的政治家。他是周文王的儿子、周武王的弟弟、周成王的叔父和老师。

周公帮助武王伐纣灭商，开国有功，是西周开国重臣。周武王死后，其子成王年幼，由周公临时代理朝政。周公在摄政期间，以其卓越的政治才能和超凡的毅力，使西周的政治、思想、文化和教育都有了很大的发展，受到世人的赞誉。

周公在身体力行、勤勉从政的同时，也谆谆教诲侄子成王以及儿子伯禽。周公教育他们，必须养成勤政爱民、谦恭自律和礼待贤才的作风。周公有《戒子伯

西周初期杰出政治家周公的《姬旦家训》，是中国历史上有文字记载的最早的家训。这是周公的石雕塑像。

禽》和《戒侄成王》两部教诫子侄的家训传世，这两部家训合称为《姬旦家训》。

《姬旦家训》对后世有着深远的影响。三国时期的著名军事家、诗人曹操，曾在《短歌行》里高度赞扬了"周公吐哺，天下归心"的理政治国风范，并借此表达了自己欲图大业、求贤若渴的迫切心情。

3

◎熠熠生辉的古代家教典范

儒家学派创始人孔子，始终把"仁"作为最高的道德标准和道德境界。一个"仁"字，对中国传统家风有着深远的影响。

春秋战国时期，随着士族阶层的崛起、私学骤兴，以及用士、养士之风的盛行，家庭教育引起了世人广泛的注意。伴随着家庭教育的提高，家训也有了很大的发展，产生了许多脍炙人口的家教故事。比如首创私学、以诗礼传家的儒家创始人孔子的《庭训》。

孔子曾经两次在庭中教育儿

子孔鲤，既要学《诗》又要学《礼》。在孔门弟子合撰的《论语》中，曾记载过这个故事：

一次，孔子独自站在庭院里，儿子孔鲤从他旁边经过的时候，孔子问道："你学《诗》没有？"

孔鲤说："没有。"

孔子严肃地说："不学《诗》，无以言。"

后来，孔鲤就开始学《诗》。

又一次，孔鲤遇到父亲一个人站在庭院里。孔子问道："你学《礼》没有？"

孔鲤说："还没有。"

父亲仍严肃地说："不学《礼》，无以立。"

于是，孔鲤接下来就开始学《礼》。

首创私学的孔子，以"诗礼"来教育儿子孔鲤的事迹，成为后世家庭教育的典范。这是明代画家吴彬笔下的《孔子杏坛讲学图》。

在中国历史上被誉为"一代贤母"的敬姜，她为教育儿子所作的《论劳逸》，成为古代家训的代表作之一。

虽然这是教育家孔子对孔鲤的教育，但也是一个普通父亲对儿子的教育，所以这段记载被视为中国古代家庭教育的典范之一。

后人也因此将父亲的教诲，称为"庭训"。

齐侯之女敬姜，即公文伯的母亲，被后世奉为贤母。她所作的《论劳逸》，是春秋战国时期家训的代表之作。

有一天，公文伯朝见完鲁国国君回家后，看到母亲正在搓麻织布，他就对母亲说："像我们这样的家庭，您还要搓麻织布，季孙（季康子）看了会生气的，以为我不能侍奉您老人家似的！"

听罢儿子的抱怨，敬姜训诫道："夫民劳则思，思则善心生；逸则淫，淫则忘善，忘善则恶心生。"

这番话的意思是说上自天子、诸侯、三公、九卿，下至黎民百姓，都必须劳动，或劳心或劳力。只有劳动，才能政清人和、国泰民安，这是治国安邦的基础和前提。在此，敬姜阐述了一个最为朴素的真理：勤勉不怠国则兴；逸乐怠慢国则败。

敬姜的这篇诫子家训，成为《国语》当中的一篇有名的家训。而《国语》成书于战国初期，可见这篇家训的历史之久远。敬姜也因为这篇出色的《论劳逸》而成为世上有名的贤母，后世将跟她风格相近的文章统称为"敬姜遗风"。

战国时期大思想家孟子的母亲，是先秦孔门家训最伟大的代表。她因为成功教子使之成为名儒，在中国乃至世界家教史上都享有盛誉。

孟母训子始于胎教，她说："吾怀妊是子，席不正不坐，割不正不食，胎教之也。"这番话的意思是说："我在怀孩子的时候，席子不正都不坐，肉切不方正都不食，就是要对孩子实行胎教。"

而在我国传统教育儿童启蒙读本《三字经》里面，有"昔孟母，择邻处；子不学，断机杼"的内容，讲的就是"孟母三迁"和"断机教子"的故事。

孟轲3岁的时候，父亲便病故了。勤劳贤惠的孟母，一方面要承担起家庭生活的重担，依靠替人浆洗衣物维持生计，同时她还要严格教育好儿子。她要求孟轲用功读书，将来成为有作为的栋梁之才。为了教子成才，孟母非常谨慎地选择居住的环境，前后三迁其居。

孟轲家原先住在墓地附近，幼年的孟轲经常看见送葬、扫墓的情景，就与邻居的小孩一起学着大人

"孟母三迁"的故事，是我国古代家庭教育史上的一段佳话，至今仍被人们津津乐道。这是民国时期月份牌年画上的《孟母三迁图》。

孟母"断机教子"的故事，显现了这位伟大母亲的智慧。两千多年来，她的教子经验，给后世带来了深刻的启示。

跪拜、哭嚎的样子，玩起办理丧事的游戏。孟母看到了，便皱起了眉头，心里想："不行！我不能让我的孩子住在这里了！"

孟母就带着孟轲搬到一个靠近集市的地方去居住。过了不久，孟轲又和邻居的小孩，学起商人做生意的样子。一会儿鞠躬欢迎客人、一会儿招待客人、一会儿和客人讨价还价，表演得像极了！孟母知道后，又皱起了眉头："这个地方也不适合我的孩子居住！"

于是，他们又搬家了。这一次，他们搬到了学校附近。孟轲开始变得守秩序、懂礼貌，且喜欢读书了。看到这种情景，孟母喜不待言，并在此久住下来。

"断机教子"，讲述的也是孟母教子的故事。孟轲小时候读书不用功。有一天他放学回到家里，孟母正在织布。母亲问他学习进展如何，他回答说还是老样子，并流露出漫不经心的神情。

孟母听了之后，又生气又伤心。她举起一把剪刀，刺啦一声，一下就把刚刚织好的布给剪断了，麻线纷纷落在地上。

孟轲看到母亲把辛辛苦苦织好的布剪断了，心里既感到害怕又感到不解，连忙问母亲发生了什么事情。

孟母教训儿子说："学习就像织布一样，你不专心读书，就像断了的麻布，布断了再也接不起来了。如果你现在荒废了学业，长大就不免于做下贱的劳役，而且难于避免祸患。"

母亲的一席话，令孟轲很受触动。从此以后，他发愤读书，终于成为战国时期杰出的思想家、政治家和教育家。

这些生动而感人的家教故事，流传千古，同时也充分地显示了春秋战国时期家训的发展及成就。

◎璀璨的古代家训经典

自秦、汉起，大量跟家训相关的文本和文献在社会上涌现出来。如汉代孔臧的《诫子书》、班昭的《女诫》、张奂的《诫兄弟书》、东晋陶渊明的《责子》，等等。

家风，关系到一个家庭或家族的发展。因此，家风文化已深入到古人生活的方方面面。这是明代木雕家具上的《张公仪九世同屋》图案。

这些名家名作，涉及人生世事的方方面面，极大地丰富了中国古代家训的内容。只是这些家训大都比较简短，在社会上未能引起较大的反响。

到了南北朝时期，一部被誉为古代家训文化扛鼎之作的诞生，才将家训文化真正推向一个新的高潮。它，就是颜之推所著的《颜氏家训》。

《颜氏家训》，全书共7卷20篇，体例宏大，内容非常丰富，堪称中国家训之宝典，惠泽后世，蔚然成风。

颜之推（531~590年），琅琊临沂（今山东临沂）人，是南北朝时期我国著名的思想家、教育家和文学家。他创制家训，意在治家。他认为治家首先应该教育好子女。因此，《教子》是全书中的第一篇。

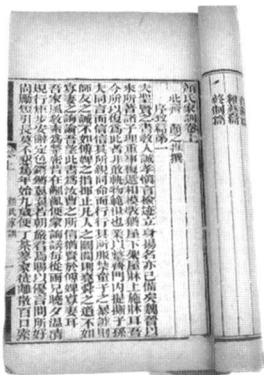

南北朝时期著名教育家颜之推所撰写的《颜氏家训》，被后世誉为中国古代家训文化的扛鼎之作。

他十分重视对子女的早期教育，在中国教育史上比较早地论述了"胎教"和"幼儿教育"等家庭教育方法。他在《颜氏家训》中提到，古代贤明的君王就有胎教的方法：王后怀孩子达3个月时，就要让她搬出皇宫，让她住在别宫里。这样，眼睛就看不到不该看的东西，耳朵就听不到不该听的东西，所听音乐和所嗜口味等，都要按照礼仪进行节制。而且胎教的方法还要记录在玉片上，收藏在铜制的柜子里。孩子出生之后，还在幼儿时，就确定了太师、太保，开始对王子进行孝、仁、礼、义等方面的教育，并引导他们学习。

《颜氏家训》的思想十分可贵，它是我国古代家庭教育史上的一个重要里程碑，对现代家庭教育仍有显著的借鉴作用和指导意义。

唐太宗李世民，非常注重家庭教育。为了教育好皇子皇孙，他还特意撰写了一本《帝范》来训诫子孙。这是唐太宗李世民的蜡像。

在唐代的家训中，帝王家训占有特殊的位置。其代表作是唐太宗李世民的《诫吴王恪书》《诫皇属》和《帝范》。

在《帝范》中，唐太宗提出了一整套任贤、纳谏、自谦、崇俭、戒奢等治理国家的思想。在纳谏方面，他教育儿子李治：自古以来，贤明的君主都很重视纳谏，给臣下以进谏的机会。不管进谏者是谁，辩才、文章如何，只要言论有益即可。而昏君则不然，总想掩饰自己的过错，最后导致"身亡灭国"。

在唐代，另一部具有代表意义的家训，是宋若莘仿《论语》而作的《女论语》。宋若莘，是唐代中叶的一位才女。

《女论语》共有20章，为四言韵文。该书语言简洁、文笔生动，全面阐述了女子立身处世的原则和应当具备的能力。她在《女论语》中主张女子要善女工，会操持家务，熟知礼节，

随着一些女性伦理道德著作的诞生，使古代女性有了更多学习知识的机会，从而涌现出许多贤妻良母。这是宋代的漆板画《贤母图》（局部）。

懂得孝敬双亲，辅佐丈夫和教育子女。

《女论语》对我国古代社会文化影响颇大，对古代女性温柔贤良品性的形成，具有不可忽视的影响。

宋代家训，是家训发展史上的重要阶段。不仅数量增多、形式多样，而且内容更加丰富，涉及到伦理道德、教育、经济、法律、宗教等诸多方面。

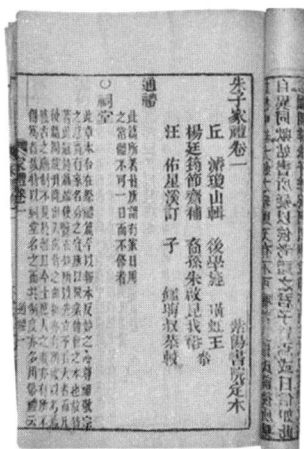

南宋理学家朱熹撰写的《家礼》，因为内容比较平民化，后来逐渐成为平民之家的家教之法。

家训名作数不胜数，如名相范仲淹的《告诸子及弟侄书》、北宋文坛盟主欧阳修的《家诫二则》、苏洵的《安乐铭》、王安石的《赠外孙》，文学巨匠司马光的《训子孙文》《温公家训》，黄庭坚的《家诫》等。

宋代家训之所以如此繁荣，与宋代社会的发展变化这一大环境有很大的关系。宋代由以前的门阀政治时代，转变到官僚政治时代。婚姻不重阀阅，选官以科举为主，土地买卖自由。在这样的社会环境中，家族的发展面临着很大的挑战。

所以一些家族，尤其是仕宦家族积极地撰写家训，以期通过对家庭成员的道德教化、行为规范等，令其修身、齐家，从而维持家族在竞争中的优势地位，达到兴旺、繁荣的目的。

权贵之家的家训代表，是北宋司马光的《家范》。《家范》在当时社会上层仕宦之家广泛流传。南宋宰相赵鼎，曾令其子孙各录一本以为永远之法。

南宋著名理学家朱熹，在司马光《家范》的基础上，制定了一套烦琐的家庭礼制和礼仪规范，即《家礼》。

《家礼》在内容上与平民之间的生活和劳作的规律基本一致，并且各种规矩、礼仪都十分详备，所以逐渐也成为平民之家的家教之法。

在宋代的家训中，与劝学有关的内容非常多。而且有许多名言

古人特别重视对儿童良好品德的培养，因而指导孩子们修身养德的家训特别多。这是清代墨盒上的《教子图》。

警句，至今仍流传不衰。比如北宋文学家苏洵在《安乐铭》中劝诫年轻人要珍惜时光，努力向上，他这样说过："趁着年轻才壮，不可虚度光阴"；"受得苦中之苦，方为人上之人"等等。

其次，宋代学者特别注意儿童良好品德的培养。因此，指导孩子修身养德、为人处世的家训也特别多。比如，宋初陈抟的《心相篇》，就是以对比的方法，告诫儿孙要"慈老爱幼""公平正直""尊崇师傅"；要"功归人而过归己"；要"知善而守，知恶弗为"，等等，非常有教育意义。

◎步入鼎盛的家训文化

明、清两代，社会上撰写家训的风气更盛。家训不仅在数量上超过了以往，内容也更加丰富，领域更加扩大。既有一般的家训，又有专门训诫商贾的家训；作者既有帝王显贵、学究宿儒，又有普通百姓；形式上既有长篇鸿作，又有箴言、歌诀、铭言、训词、碑刻等；方式上既有循循善诱的说教激励，又有家规族法的惩罚条文，中国传统家训文化达到了历史上的巅峰。

在众多家训之中，比较著名的有庞尚鹏的《庞氏家训》、袁黄的《训子言》、姚舜牧的《药言》，

明、清时期，是中国古代家训文化的鼎盛时期。"扬州八怪"之一的郑板桥一生为官清廉，在他的家训中，也是以品德教育为主。

还有朱柏庐的《朱子家训》等。此外，郑板桥、林则徐等人写的家训在历史上也产生过较大的影响。

其中，明末清初昆山人生员朱柏庐，他并没有显赫的仕途业绩，却凭着一篇具有真知灼见的《朱子家训》，名扬后世。

《朱子家训》，全文仅500余字，以修身、齐家为宗旨，将治家处世之至理尽纳其中。

《朱子家训》以修身、齐家为宗旨，曾使无数个家庭受益。时至今日，仍深受人们的重视。这是清代墨盒上雕刻的《朱子家训》全文。

比如："一粥一饭，当思来处不易；半丝半缕，恒念物力维艰"的勤俭持家格言；"嫁女择佳婿，毋索重聘；娶媳求淑女，勿计厚奁"的进步婚姻观念；以及"见富贵而生谄容者，最可耻；遇贫穷而作骄态者，贱莫甚"的待人接物态度等等，至今仍具有深刻的教育意义。

古代社会是一个以伦理道德为常规的社会，甚至道德高于法律。这是清代民居门扇上雕刻的做人的"五伦"标准。

《朱子家训》语言平淡，没有任何艰深的古奥之处。但是，字字句句却又无不深藏着中国人进德修业，成人成己，孝顺承天，造福社会的深刻道理，蕴含着博大精深的思想底蕴。

清代康熙年间的秀才李毓秀编纂的儿童启蒙读本《弟子规》（原名《训蒙文》），至今仍广受人们的喜爱。它是一本名副其实的，用来净化心灵和规范行为的智慧宝典。

从清代末期开始，传统的家训文化逐渐衰落。但在此期间，也出

良好的家风，可以为后人竖起一架通往人生与事业成功的梯子。这是景德镇的瓷塑作品。

现过局部开新的状况。例如洋务派的曾国藩、左宗棠、李鸿章、张之洞等一批能够睁眼看世界的人，他们接受了西方资本主义的一些新思想、新观念，表现在对子弟家人的教育指导上，从而为中国传统家训文化带来一股"新风"。

晚清重臣曾国藩在戎马倥偬中，写下了数千封家信，严格教育子弟。在曾国藩的严格督导下，长子曾纪泽成为中国近代杰出的外交官，曾协助李鸿章建立北洋海军；次子曾纪鸿成为较有建树的数学家、教育家。

家庭，是构成社会的基本单位。从古至今，社会上曾出现过无数个家庭。每个家庭在不违背国家法律、道德和文化的前提下，制定了许多符合自己家庭气候的家训与家规，形成了良好的家风。

不论社会如何变迁，由家训塑造出的家风精髓是不会有太大改变的。比如说：做人要厚道，为官要清廉，相邻要和睦，孝敬长辈，友爱兄弟，尚勤俭、重读书，等等。

但是在不同的时期、不同的时代，社会形态不同，也会有不同的具体要求。因此，家训要随着社会的进步做适当的调整，从而形成新的家风。

新的家风，对弘扬民族文化，丰富人们的精神世界，不断增强人们的精神力量，哺育和塑造一代新人，发挥着非常重要的作用。

家风，就是家庭的灵魂！

第二章
家风之魂，慈孝为先

中华民族五千年的文明，犹如灿烂的星光照亮了东方世界。慈孝文化，是中华民族的传统美德和文化核心，是一切道德的起源和根本。

华夏儿女孝亲敬老，代代相传，贯穿了整个历史长河。慈孝文化作为中国的一种传统文化，深深地浸染于中国人的心灵，并沉淀成最具民族特点和凝聚力的文化基因，成为一种普遍的伦理道德和恒久的人文精神。

◎一家仁，一国兴仁

传统慈孝文化的内涵特征，主要包括养亲敬老、尊老爱幼、珍爱生命、承志立身和移孝为忠等。在中华民族的发展史上，慈孝文化在维护社会稳定、增强社会凝聚力、协调人际关系上，起到了不可或缺的作用。时至今日，仍具有振奋民族精神、增强民族凝聚力等重要的社会价值。

早在3000多年以前，甲骨文卜辞中就出现了"孝"这个字。这说明，至少在殷商时代，中国人已经有了孝的观念。

东汉著名经学家许慎在其所著的

在这个世界上，父母给孩子的爱是最真诚、最无私的。孝敬父母，是天经地义的事情。这是德化窑瓷塑作品"母子情深"。

《说文解字》中，对"孝"是如此解释的："善事父母者，从老省，从子，子承老也。"意思就是说，上辈的父母要抚养子女，下辈的子女则要赡养父母。

在我国最早的解释词义的专著《尔雅》里面，其首篇之一《释训》中，对"孝"的解释为："善事父母为孝，善兄弟为友。"

这种观念，首先来源于血缘亲情，这是人类最基本的一种自然感情。人类敬母爱母之情，是慈孝观念的最初萌芽。这种感情与动物反哺本能，既有区别，又有着联系。

"孝"这个字，在距今3000多年以前的甲骨文卜辞中就已经出现了。这说明，至少在殷商时期，我们的先人已经有了孝的观念。

在明代李时珍所著的《本草纲目》里面，有这样一个记载："慈乌，此鸟初生，母哺六十日，长则反哺六十日。"

传说，乌鸦是一种最懂得孝敬母亲的鸟。小时候，它受母亲的哺育。当母亲年老体迈不能觅食时，子女就衔回食物，嘴对嘴喂到母亲的口中，不厌其烦，一直到老乌鸦临终为止。

对于父母的生育培养，作为子女后代，一定能够从树木的落叶归根、化肥报答到动物的羊羔跪乳、乌鸦反哺等自然现象中得到领悟，因而自然地生出一种还报之心和孝敬之情。

在明代医学家李时珍撰写的《本草纲目》里面，记载了"乌鸦反哺"这个令人感动的故事。

西周时期，宗法制度确立，孝道与宗法开始建立起联系。虽然宗法和孝道的主旨目的不同，但也有共通之处，那就是它们都是通过对祖先的祭祀来表达尊祖、孝祖之意。

不过，值得注意的是，西周后期的孝道观念，除了祭祀祖先这层含义之外，

周文王是中国历史上的一代明主。他尚孝悌、勤治政、施仁德，为武王伐纣奠定了坚实的基础。

已经开始增添了奉养父母的新意义。

祭祀祖先是贵族的特权，奉养父母成为平民的义务，从而使孝观念开始向着"子德"的方向演进，并逐渐取代祖先祭祀，成为后世慈孝道德的主要内容。

周朝就是将孝悌的基础做得非常扎实的一个王朝，对后世齐家、治国的思想具有非常重要的指导意义。

周文王对他的父亲季历非常孝顺。每天早上、中午和晚上，他都要去给父亲问安。当他看到父亲的身体好时，他的内心会很高兴；如果看到父亲的身体不适，他就会很忧虑。父亲每天三餐的饮食，他都要亲自去查看，看看温度是否适中，唯恐太热了烫着父亲，或者太凉了吃不下去。

当一个君王能够做到这样时，全国人民会如何表现呢？

孝是一个人的品德，只要君王做出孝道的表率，就会触动全国每个子民的本善之心，所以子民就会效法。

周文王的儿子周武王，也是继承了父亲的品德和志向。当文王生病的时候，周武王每天都陪伴在侧，连衣服的带子都不解，一直这样侍奉在父亲身边。父亲一顿饭不吃，他也吃不下去；父亲吃了一顿，他就陪父亲吃一顿。他时刻都在为父亲着想，如此陪伴父亲十多天，周文王的病情渐渐地就好转了。

文王的病情能够好转，除了药物的作用之外，更重要的是周武王的这

周武王继承父亲的遗志，坚持孝悌治国的举措，于公元前11世纪消灭了商朝，建立起了西周王朝。

份孝心，令他感到非常宽慰。

一个家族能够这样尽孝道，便会带动一个国家的孝道。儒家经典著作《大学》里面有这样一句话："一家仁，一国兴仁。"

这就是说，一个家庭都是仁德之风，则一个国家就能兴起仁德的社会风气。所以，周朝才能够在历史上延绵了800多年。

◎两位大师论"孝道"

春秋以后，个体家庭相对独立，养亲逐渐成为孝道的主要内容。儒家文化的开创者孔子，在其思想理论中丰富和发展了孝文化的内涵。

孔子在《孝经》中说："夫孝，天之经也，地之义也，民之行也。"孔子认为，为人子女孝顺父母，是天经地义的法则，是人们应该身体力行的责任。

在童年的记忆中，母亲留给我们的印象总是最温暖、最美丽的。这是清末版高密扑灰年画《母子图》。

孔子在总结了社会对孝的认识之后，将孝的观念提升到由孝及养、由养及敬，为人们养老、敬老提出了更高的要求。

有一次，有人问孔子："你为什么不做官呢？"

孔子的回答很巧妙，他说："《孝经》里面讲过，一个人能够孝敬父母，又能友爱兄弟，然后再把孝悌推广到邻里、乡党、社会，这不就是从政吗？"

这样的回答有什么寓意呢？

这就是说，如果在一个家庭里面能够孝敬父母、友爱自己的兄弟姐妹，那么这个家庭就安定了；如果每一个家庭都能这样安定下来，那么天下不就治理好了吗？

由此可见，在孔子心目中，"孝悌"的价值是多么重要啊！

《孝经》，对后世的孝道观念曾产生过深远的影响。这是北宋画家李公麟根据《孝经》内容创作的绢本水墨画《孝经图》（局部）。

战国时期的大思想家孟子，不仅提出了"老吾老以及人之老，幼吾幼以及人之幼"的观点，而且对孝进行了更详细的说明，归结出"五不孝"：

"惰其四肢，不顾父母之养，一不孝也；博弈好饮酒，不顾父母之养，二不孝也；好财货，私妻子，不顾父母之养，三不孝也；从耳目之欲，以为父母戮，四不孝也；好勇斗狠，以危父母，五不孝也。"

孟子认为，不光要养亲，还要尊亲。这种尊敬，必须是发自内心的爱慕。

后来，他讲得就更加清楚了，他说一个君子有两种快乐是超过当帝王的。此刻，一定会有很多人急着想知道，天下真有这种快乐吗？

果真有。

孟子所说的两种快乐，第一种就是"父母俱存"，另一种就是"兄弟无故"。父母都健在，兄弟姐妹都没有事故，一家人平平安安，这难道不是超越当帝王的快乐吗？

孟子对孝的论述，已经涉及到后世孝道的方方面面，从而确立了传统孝道的基本面貌。

"亚圣"孟子对孝道极其重视。在其撰写的《孟子》一书中，仅"孝"字就出现了29次，而涉及到孝观念的有近50处之多。

◎古代"老年证"的特权

汉代是中国帝制社会政治、经济和文化全面定型的时期，也是孝道发展历程中极为重要的一个阶段。它建立了以孝道为核心的社会统治秩序，它把孝道作为治国安民的主要精神基础。

随着儒家思想体系独尊地位的确立，孝道对于维护君主权威、稳定社会等级秩序的价值更加凸显。继而，"以孝治天下"的思想逐渐走向理论化与系统化。

汉代的统治者积极倡导"以孝治天下"，并实施了一些举措，提倡和推行孝道。例如，除西汉开国皇帝刘邦和东汉开国皇帝刘秀之外，汉代皇帝都以"孝"为谥号，称孝惠帝、孝文帝、孝武帝、孝昭帝等等，表明了朝廷"以孝治天下"的政治追求。

除此以外，西汉还把《孝经》列为各级、各类学习必修的课程。《孝经》这本书虽然只有1779个汉字，但从汉朝确立了其为上至帝王将相、下至普通百姓必尊必读之经典著作。

在选官制度上，也体现出对孝道的提倡。汉代选拔官吏的科目之一就是"孝廉"。

何谓"孝廉"呢？

中国传统记忆丛书

圖说
老家風

18

汉代的统治者积极倡导"以孝治天下"。汉高祖刘邦经过曲阜时，曾以太牢（牛、羊、猪三牲）祭祀孔子。

孝廉就是孝顺父母，办事廉正的意思。

这个名称，始于汉代思想家、哲学家董仲舒所著的《举贤良对策》，在书中他提出由各郡国在所属吏民中举荐孝、廉各一人。后来，便合称为"孝廉"。

在当时，如果乡里有人以孝道出了名，地方长官是有责任向上推荐的，而且还可以直接任用其当官。

当然，如果有哪一个官员不想在官场上待了，那么回家奉养父母就是最好的托词。因为连帝王都标榜孝道，下面怎敢违背圣旨，不予以准许呢？

汉代最让一些老年人有尊严、感觉幸福的地方，应该是颁发"老年证"。当然，这种"老年证"不是像今天这样的小本本，而是一种名为"鸠杖"的实用物。

鸠杖，又称"王杖"，顾名思义就是帝王赐予老人使用的拐杖。它是一种特殊权利的象征。从史料和考古发现来看，给老人赐杖的制度在汉代被正式确立下来。汉高祖刘邦，曾命人制作鸠杖赐给高龄老人，开了汉代赐杖的先河。

西汉名儒董仲舒在《举贤良对策》里面，首先提出了"举孝廉"的选官制度。这一举措，对后世的孝道及选官制度产生过不小的影响。

在汉代，当老人活到70岁时，官府就会授给他们一种凭证，即"鸠杖"，又称"王杖"。这是汉代的青铜鸠杖首。

汉宣帝刘询则使之成为一种制度，规定凡是70岁以上的老人，皆由朝廷授予鸠杖。

持有鸠杖的老人，还享有一定的特权。不但他们的社会地位相当于年俸600石粮食的地方官员，而且还具有"特别通行证"的功能。可以自由出入衙门，不用交租纳税。

凡是侮辱或殴打持鸠杖老

人的官民，均以大逆不道之罪而处以斩首之刑。这恐怕是历史上对不尊敬老人者最为严厉的惩罚吧！

据汉墓出土的竹简《王杖诏书令》记载：汝南一王姓男子，因为殴打持鸠杖的老人，被判斩首，并弃尸于闹市。还有一位乡级的基层小官，因为一名持鸠杖的老人有触犯法律的嫌疑，便擅自扣留老人。他虽然没有殴打老人，但也被判以斩首示众。

现在看来，后面这位被斩首的基层小官，显然有些被冤枉了，

在汉墓出土的《王杖诏书令》上面，真实地记载了当时两个因为对持鸠杖的老者不尊，而遭到严厉惩罚的案例。

但这就是鸠杖的威力，对鸠杖不尊，就是严重违背孝道。

汉代的历任皇帝，对老人大都颁布过减免赋役的规定。比如汉武帝曾下诏，规定家有 80 岁以上的老人，可以免除其家两口人的算赋；如果家有 90 岁以上的老人，可以免除其全家的徭役等。

汉武帝刘彻，开拓了汉朝最大的版图，在各个领域均有建树。在推行孝道方面，他颁布实施了不少优待老人的政策。

尤其是在制定法律时，对老人合法权益的保护也很重视。除了减免赋税，朝廷每年还会直接给民间老人发放食物。如汉文帝刘恒即位当年就下诏：80 岁以上的老人，每月赐米 1 石，肉 20 斤，酒 5 斗；90 岁以上的老人，每人再加赐帛 2 匹，絮 3 斤。

汉代能够在我国历史上出现"文景之治"的太平盛世局面，与"以孝治天下"有着非常密切的关系。

行孝之道，已经成为当时社

会上一种强大的风气。在这种氛围当中，产生了许许多多著名的孝子，卖身葬父的董永便是其中的杰出代表。

东汉光武帝使天下诵读《孝经》成为一种制度，更将西汉末期出现的孝子董永奉为孝道的典型，在全国大力宣扬，使董永在当时社会上的影响大到无以复加的地步。

董永与七仙女的传说，从诞生那一刻起，就深受民间群众喜爱。这个凄美的爱情故事，感动过不计其数的人。这是现代年画《天仙配》。

在历史上著名的二十位孝子之中，除了舜之外，名气最大的当属董永。东晋干宝创作的中国古代第一部志怪小说集《搜神记》里面，便记载了董永的故事。

◎古代"护工"与"敬老院"

慈孝文化，在唐代获得了空前的发展。唐代统治者在总结历代"孝治"经验的基础上，采取多种措施，积极推行"孝治"。

唐代规定，学生必须学习《孝经》。唐代的科举考试科目众多，在常科中，以明经、进士两科最为士人所重。在这两科考试中，又将《孝经》作为必考内容。

唐玄宗甚至亲自批注《孝经》。《孝经》也因此成为《十三经注疏》中，唯一一部由皇帝注释的儒家经典。

唐代继承了汉代给老人赐杖、免税等诸多做法。据北宋文人宋敏求编撰的《唐大诏令集》记载，唐太宗在"即位赦"中曾特别提出："八十以上各赐米二石，绵帛

无论哪一个时代，孝心都是这个世上最淳朴、最美丽的风景。在孝心的感召之下，诞生了无数的传奇故事。

五匹；百岁以上各赐米四石，绵帛十匹；仍加以版授，以旌尚齿。"这里所说的"尚齿"，也就是尊敬老人的意思。

"补给侍丁"制度，是唐代政府的新创意。所谓的"侍丁"，就是我们今天所说的护工，由政府免费给民间老人安排护工。唐开元七年（719年），政府对安排护工的配给标准是："凡庶人年八十及笃疾，给侍丁一人，九十给二人，百岁三人。"到了唐开元二十五年（737年），给百岁老人的护工增至5名。

在唐代的科举考试中，《孝经》是必考科目。唐玄宗还亲自批注《孝经》，使其成为《十三经注疏》中唯一一部由皇帝注释的儒家经典。

唐代不仅在物质生活方面充分体现了慈孝文化的深刻内涵，而且还把慈孝文化提升到了精神层次，那就是"色养"。

何谓"色养"呢？

通俗一点来说，就是在赡养父母的时候，子女应该和颜悦色，绝对不能让老人不开心。

一代名相，时任司空的房玄龄，不仅为臣称职，在赡养老人方面，也是全国的道德楷模。当年，房玄龄"色养"老人，做得极其到位。据唐代史学家吴兢所撰的《贞观政要》记载，房玄龄"事继娘，能以色养，恭谨过人"。

身居高位的官员都如此要求自己，更何况是平民百姓呢？若子女给老人脸色看，或不孝顺父母，没关系，可以由法律来解决。

《唐律》里面规定：把控告及咒骂父母、祖父母，与祖父母及父母分居且不履行赡养义务，甚

唐代的慈孝文化进一步深化，提升到了"色养"的精神层次。史称房玄龄"色养"老人做得极其到位，成为当时的道德楷模。

至诈称父母及祖父母死亡等定为"不
孝罪";把殴打或弑杀长辈定为"恶
逆罪";把谋害老师定为"不义罪",
这些罪行均不可赦免。

为了让子孙尽心尽力地照顾好父
母,《唐律》还规定,父母在世时,
如果子孙攒私房钱或者要求分家,也
要处以 3 年徒刑。

唐代社会规范在"孝治"的框架
之内,从法制上给孝道以约束。当时
的教育系统,也是以孝道为重点。这
一时期的女子教育,也发展到了一个
新的阶段,出现了《女孝经》和
《女论语》,成为中国古代女子教育的
经典。

唐代的女子教育,发展到一个
新的阶段,出现了《女孝经》《女论
语》等闺门必读的弘扬孝道的经典
读本。

23

唐朝政府这一套严密完善的提倡孝道的措施,使得唐代人无论
在观念上,还是在实际行动上,大都能够善事父母,恪尽孝道。

宋代的孝文化制度,已经远远超出了"礼"的范畴,有着更为
广泛的社会救济、甚至社会福利性质的现实意义。

这主要体现在对贫病且无依无靠的孤寡老人的收养方面,即
"敬老院"的出现。当然,在北宋初期,这样的政府养老机构还没有
"敬老院"的名称,而是叫"福田院"。到了南宋的时候,则改名为
"养济院"。

虽然名字不同,但都是慈善性质的养老院。入院老人的年龄,
也放宽到了 50 岁以上,当然这跟古代人的平均寿命较短有很大的
关系。

与此同时,民间"敬老院"也普遍兴起。如南宋著名文学家洪
迈撰写的《夷坚志》记载,在与南宋对峙的金国兴中府,有一位名
叫刘厢使的汉族人,遣散家中奴婢,拿出全部家产兴建"敬老院"。
这位倾尽所有家财,从事慈善事业的刘厢使先生,是绝对应该被后
世所称颂的。

对于社会上较为年长的老人，宋朝政府也会给予一定的特殊照顾。如在减免赋税方面，宋仁宗嘉祐四年（1059 年）的诏令就有这样的规定，凡是 80 岁以上的老人，可以免除其一个儿子的赋税。这样做的目的，就是为子女赡养老人提供了经济上的部分保障。

"养济院"的性质，跟今天的福利院相似。这是清代一家"养济院"收养的部分孤儿照片。

◎ "圣谕六言"下的慈孝文化

明太祖朱元璋，是中国历史上为数不多的几位以农民身份登上皇帝宝座的皇帝之一。从客观上来讲，朱元璋在孝道上做得还是不错的，这或许跟他的贫民出身有很大的关系。

明代敬老院的名称，延续前代，称为"养济院"。朝廷继续投资，发展官办、民办等各种形式的社会养老机构。同时，朱元璋还恢复了汉代制度化的"赐杖"与"赐爵"的制度。

在物质救济上，朱元璋也十分重视。他曾先后两次颁布诏令，实行孤贫老人终身养老制度。

一次是在明洪武十九年（1386 年）颁布的，《养老令》这样规定：凡是年龄在 70 岁以上的老人，可免除其一个儿子的所有徭役。古代的徭役，其实就是国民对政府所纳的一种"个人所得税"。只不过是以劳动的形式，而非货币来予以缴纳。这个规定，其实就是减免了一个儿子的税赋，减少其负担，让 70

明太祖朱元璋大力倡导孝道文化，还恢复了"举孝廉"的制度。这些举措，使社会上的孝老、敬老之风愈加浓厚。

中国传统记忆丛书

圖説
老家風

岁以上的老人能够得到较好的赡养。

对于 80 岁以上的贫穷老人，每月发给米 5 斗、肉 5 斤、酒 3 斗；对 90 岁以上的老人，每月加发帛 1 匹，絮 1 斤。凡士绅满 80 岁者，赐爵"里士"，90 岁以上者，赐爵"社士"，均免除一切徭役，且享受与县官平起平坐的政治待遇。

翌年，朱元璋再一次颁布诏令，这次规定：全国所有 80 岁以上的老人，只要品性良善，都要记录在政府的档案里面，以备国家财政补贴和资

御赐养老铜牌，也是当时政府对养老制度重视的一个体现。

助。其中，80 岁以上的贫穷老人，当地政府每月要赠送大米 100 斤，肉 5 斤，酒 60 斤（米酒类低度酒）。连酒都要予以提供，而且数量也不小，可见其物质补助相当丰富，制度相当人性化。

而 90 岁以上的老人，则在 80 岁获赠的基础上，每年再加赠高档丝绸布料 1 匹，棉絮 5 斤。而且，对 80 岁和 90 岁以上老人的补助，基本上是普惠制的。

在明朝，女子接受《孝经》教育，促进了社会女性文化修养的提高，从而涌现出了许多贤妻良母。这是清末版高密扑灰年画《贤母教子图》。

朱元璋推崇孝道，颁布《慈孝录》，重拾"举孝廉"的制度，以致当时社会上平民出身的官员数量激增。在朱元璋的倡导之下，对孝道的褒扬，一直伴随至明王朝统治的终结。

在历史上，明朝共有 16 位正式皇帝，其中竟然有 11 位的谥号中带有"孝"字，数量虽然不及汉朝带"孝"字的皇帝多，但在历史上也是非常罕见的。

清官海瑞被后世赞为"光争日月"。他的成功，与母亲的悉心教诲有着密切的关系。

朱元璋还亲自制定出臣民行孝的行为规范，即"孝顺父母，恭顺长上，和睦乡里，教训子孙，各安生理，毋作非为"。随后，这一提倡孝道的"圣谕六言"，便颁令在全国实施。

明朝是一个非常极权专制的王朝，但同时也是一个非常重视道德教育的时代。历史上，接受教育一直是男人的特权，女子无才便是德。然而，在明朝女子接受《孝经》教育，却成为一种文化现象。

女性接受《孝经》教育，对明朝社会的发展起到了重要的作用。首先是促进了自家孝道观念的确立，她们大多数孝敬公婆、友爱姊妹兄弟，使家道和和美美；其次是提高了自身的文化修养，塑造出了贤妻良母、书院闺秀的品行，为夫妻和谐、家庭和睦、伦理调顺提供了最基本的保证。

明朝著名清官海瑞的母亲便是一例：

海瑞的父亲是个浪荡公子，在海瑞3岁的时候就死掉了。而他的母亲则是一位知书达理、粗通《孝经》的贤惠女子。她摒弃了再嫁的想法，一心想把海瑞培养成人。她给海瑞讲怎样做个堂堂正正的男子汉，她用海瑞父亲的放荡不孝作为反面教材来时刻提醒海瑞，让他不要做父亲那样的人。

海瑞牢记母亲的教训，清白做人，终于成为明代及中国历史上的一位著名的清官。

◎挥别"千叟宴"的余音

中国民间自古就有这样一句俗语："五福寿为先。"这就是说，在人世所有的福运当中，寿是最重要的。有人活到百岁（期颐之年），则被誉为"人瑞"。长寿，不仅是福运，而且还是佳兆的象征。

因此，清代也很重视敬老。朝廷高层认为，社会上的长寿老人增多，是国家治理得好、国民生活稳定、道德水平较高的象征。

社会上长寿老人的增多，自古以来被认为是太平盛世的象征。这是寿山石雕"童子献寿"摆件。

清朝政府继承并发展了历代王朝推行的传统社会保障政策，并不乏创新建树。在尊老、养老方面，采取一系列的政策与措施，也收到了不错的效果。

清朝定制：凡高寿者，不论男女及官民，均有恩赏。尤其重视对百岁以上老人的恩赏。某地若出现了长寿者，由地方官员逐级上报，朝廷下旨，赐予一定数额的银两，并用赏赐匾额或修建牌坊等方式予以表彰。

有时候，表现突出的60岁以上的老农，还会赢得一顶"老农顶戴"，80岁以上的老人，甚至可能赢得官员的品级顶戴，可谓风光一时。

清朝乾隆皇帝曾在乾清宫内设"千叟宴"，成就了一段尊老、敬老的佳话。

清代学者昭梿在其所撰的《啸亭杂录》中，记载了这样一件有趣的事情：清乾隆五十年（1785年），乾隆皇帝在乾清宫内设"千叟宴"，赴宴老人达3900多人。

据说，乾隆皇帝还亲自为90岁以上的老人一一斟酒。当时，被推为上座的是一位141岁高龄的最长寿的老人。乾隆和纪晓岚还为这位老人作了一副对联，乾隆出上联"花甲重开外加三七岁月"，纪晓岚对下联"古稀双庆内多一个春秋"，令人拍手称绝。

据清代史料记载，清朝的顺治、康熙、乾隆等皇帝，经常在朝堂上带领群臣诵读《孝经》，康熙、乾隆年间，皇帝还经常为百岁老人御赐"福"字。

当然，除了定制之外，清代还有一些特殊的优待措施。早在顺治皇帝即位时，清政府就曾颁发恩诏："军民年七十以上者，许一丁侍养，免其杂派差役；八十以上者，给予绢一匹、米一石、肉十斤，九十以上者倍之。"

清代的乾隆、康熙皇帝，还经常为当时的百岁老人题写"福"字。这是现代剪纸艺人根据康熙皇帝的御笔"福"字创作的作品。

近代社会，尤其是到了清末民初，随着西学东渐的影响，民主自由的思想开始深入人心。国民的自觉性和主体意识在不断增强，一大批文化先驱开始站在时代的高度上，从自然人性的角度来揭露封建孝文化的专制性和绝对性，从而使传统慈孝文化融入了许多新时代的内涵。

1939年4月26日，中国共产党的《为开展国民精神总动员告全党同志书》指出："一个真正的孝子贤孙，必然是对于国家民族尽忠尽责的人。"在这里，孝文化成为民族团结、兴旺的精神基础，成为中华民族凝聚力的核心。

从历史的不断发展来看，传统慈孝文化在促进人际和谐、社会和谐及国家和谐等方面，确实发挥过不可

那些熟悉的身影和慈祥的微笑，已经铭刻在每一个人心中。让我们努力成为孝老爱亲的践行者吧，使家庭和社会变得更加和谐美丽！

替代的作用。

应该弘扬中国传统慈孝文化，合理挖掘慈孝文化中的家庭伦理观念，使孝道重新回归家庭伦理规范，把慈孝的家风融入和谐社会。这对于继承和发扬中华传统美德，增强个人孝亲的意识，规范现代社会家庭伦理，树立尊老敬老的时代新风尚，以及增强民族自信力、凝聚力，都有重要的理论和实践意义。

第三章
吉祥习俗，弘扬慈孝

中国民间对慈孝文化的弘扬，几乎表现在生活的每一个细节当中，从而使慈孝的家风，成为华夏各民族家风传承的主导。

比如以饮食起居来说，无论在家庭还是公众场合饮食，总是让老人先入座，还要坐上座。平时，家里有什么好吃的饭菜，总是先让老人品尝。这是古代饮食中所蕴藏的慈孝文化的最直接体现。

再说起居，在中国古代的家庭里，父母的居室一般称为"堂屋"，多是坐北朝南，处于一家院落的正中位置。堂屋的地面和屋顶相对比其他房间要高一些，以显示父母在家庭中的地位和对父母的尊重。所以，古代的子女在外人面前不直说父母如何，而是说"高堂"如何。这样，高堂既指父母的居室，又是父母的代称。因此，在一些传统结婚典礼上，要"二拜高堂"，受拜的就是父母大人。

当然，对慈孝文化最集中的体现，还是在我国的传统节日习俗当中。

无论哪一个节日，其要义其实都是以敬天地、尊祖先、孝父母、爱儿女、尚礼仪、广行善为主旨。这实际上是中华民族的慈孝文化和伦理道德观在人们生活中的真实显现和有

孝老爱亲，是中华民族的优良传统。这幅祖孙同堂的现代刺绣作品，则使人感觉到有一种扑面而来的温暖。

意义的传承。

◎春节，溢满了慈孝的情愫

春节是中国最富有民族特色的传统节日，中国人过春节已经有超过 4000 多年的历史。在春节期间，我国绝大多数民族都要举行各种活动以示庆贺。其中，有许多习俗与传统的慈孝文化有着密切的联系，并影响着无数个家庭的家风传承。

除夕祭祖，便是流传数千年的传统习俗之一。这个习俗，一方面是源于"百善孝为先"和"慎终追远"的传统观念，在辞旧迎新之际对祖宗先辈表示孝敬之意和表达怀念之情；另一方面是

在春节的众多习俗当中，祭祀列祖列宗是最重要的仪式之一。祭祖，其实是中华民族"慎终追远"的传统慈孝观念的展现。

由于人们深信祖先的神灵可以保佑子孙后代，使子孙后代兴旺发达。

除夕到来之前，家家户户都要把宗谱、祖先像、牌位等供奉到家中上厅，安放供桌，摆好香炉、供品、蜡台等。祭祖的同时，有的地方也祭祀天神、土地神，有的地方还要叩拜玉皇大帝（中国民间信仰中最高之神）、王母娘娘（玉皇大帝的妻子）。

供品有羊、五碗菜、五色点心、五碗饭、一对枣糕、一个大馒

春节期间，民间祭祀天神、土地神等神灵的习俗由来已久，且流传至今。这是清末版杨家埠年画《过新年》。

头，俗称"天地供"。当然，由于不同地区生活习俗的差异，在供品上也略有不同，但所备的供品都极为丰盛。

在祭祀的时候，由家长主祭，烧三炷香，叩拜后，祈求丰收，最后烧纸，俗称

"送粮钱"。人们在春节期间祭祀祖先、叩拜神灵，其实就是在给祖先和诸神拜年。

在除夕之夜，家家户户的老老少少都要聚在一起吃年夜饭，俗称"合家欢"。

祭祀祖先，是为了缅怀祖先、激励后人。由于各地习俗的差异，祭祀的时间也不统一。大部分地区是在除夕夜子时前后祭拜；也有些地区是在年夜饭之前祭拜；还有些地区是在初一早上开家门前祭拜的。当然，不论何时祭拜，后辈们对祖先的崇敬与缅怀之情，都是一样虔诚的。

除夕一过，就是正月初一。

大年初一，人们都早早起来，穿上漂亮的衣服，打扮得整整齐齐，出门走亲访友，相互拜年，恭祝新年大吉大利。

关于拜年习俗的由来，我国民间广泛流传着这样一个故事：

传说在远古时代，有一种凶猛的怪兽，它头顶长着独角，口似血盆，人们叫它"年"。每逢腊月三十的晚上，它就会蹿出山林，掠食噬人。因此，到了这一天，家家户户都惊恐不安。

在我国北方民间的春节习俗当中，在辞旧迎新之际，晚辈首先要给祖先磕头，而后再给家中的长辈磕头。

后来，在一位高人的指点下，人们借助火光和爆竹把"年"这个怪兽赶跑，而且再也不敢返回了。为了纪念这一天，每到正月初一的早晨，人们都欢欢喜喜地走出家门，相互祝贺。

当然，这只不过是民间的一个传说而已，但拜年的习俗却一直流传了下来。拜年的习俗，是人们辞旧迎新、相互表达美好祝愿的一种方式。

根据传统习俗，一般认为过完元宵节才算过完春节。许多人家的晚辈们，都要陪伴家中的老人到外面去赏灯。

古代"拜年"的原本含义，只是为长者拜贺新年，包括向长者叩头施礼、祝贺新年如意、问候生活安好等内容。渐渐地，才演变成了一个整体性的习俗。

拜年时，小辈们由家长带领着，首先要去给长辈拜年，祝长辈长寿安康，卑幼者还需要叩头致礼。

长辈们除了以糖果、点心热情款待，还要将事先准备好的压岁钱分给晚辈。据说，压岁钱可以压住邪祟，因为"岁"与"祟"谐音。晚辈们得到压岁钱之后，可以平平安安度过一岁。

正月十五，又称"元宵节""灯节"。在这一天，家家户户都要吃汤圆，以示合家团圆和睦。旧时，晚辈们除了陪老人吃团圆饭之外，还要扎制花灯。夜幕降临之后，将悬挂在门外的一盏盏花灯点亮，各式各样，美丽异常。

吃完团圆饭后，晚辈们便陪伴着老人到外面去观花灯。孩子们热热闹闹的，老人的心情也感到舒畅。

人活一辈子，不就是图个儿孙孝敬、合家平平安安吗？

◎浓浓孝心，温暖节俗

在春光明媚、桃红柳绿的三四月间，清明节来临了。这也是在中国传统习俗中，人们非常重视的一个节日。清明节习俗的主题，就是慈孝。只是在这份孝心里面，融入了较多的伤怀与眼泪。

因为，清明节是中华民族祭祀祖先、缅怀英烈、寄托哀思的一个传统节日。

墓前祭祖、扫墓的习俗，在我国民间的起源非常久远。早在西周时期，人们对扫墓祭祖就极为重视。战国时期的大思想家孟子，曾在《孟子》一书中提到一个为人所耻笑的齐国人。那个齐国人经常到东城外的墓地，乞食祭墓的祭品。由此可推测在战国时期，扫墓的风气已经十分盛行。

清明节祭祖扫墓，是我国民间的一个非常古老的传统。这一习俗，融合了浓浓的慈孝文化的情愫。

唐代玄宗年间，朝廷诏令将寒食扫墓定为"五礼"之一。从此以后，扫墓祭祖成为社会上的一个重要风俗。

按照旧时的习俗，扫墓时，人们要携带酒食果品、纸钱等物品到墓地，将食物供祭在亲人的墓前，再将纸钱焚化，为坟墓添上新土，折几枝嫩绿的新枝插在坟上，然后叩头行礼祭拜。

这样做的目的，除了慈孝情结的原因之外，还有一个就是为了告慰九泉之下的亲人，现在儿孙和睦、家业兴旺、家风永续。

端午节，是在每年的农历五月初五，又称"端阳节""五月节"等，是我国汉族人民的传统节日。

这一天必不可少的民俗活动，逐渐演变成吃粽子、悬挂菖蒲和艾草、拴五色线、赛龙舟等。吃粽子的习俗，传说是为了纪念战国时期楚国大臣屈原。

包粽子、吃粽子这个习俗，其实是饱含着对祖先的敬重与怀念，是对慈孝情结的一种特殊方式的传承。

在我国江南的一些地区，将端午节称为"重父节"，即"父亲

包粽子、吃粽子，是端午节的一个重要习俗。这个习俗，饱含着对祖先的敬重与怀念。

节"之意。在端午这天，女婿们一定要给岳父母"追节"（送礼物），学生要给老师追节，晚辈要给至亲长辈追节，徒弟要给师傅追节。

馈赠的礼物有粽子、酒肉、凉粉及黄瓜等蔬菜。尤其对女婿来说，端午节这天是他们在岳父岳母眼里博得孝顺美名的大好机会。

圆圆的月饼，象征着幸福与团圆。它能轻易地勾起游子们对父母、对故乡的无限思恋之情。中秋节，是一个孝亲、思亲的节日。

中秋节，又称"仲秋节""八月节""团圆节"等。因为中秋月圆，所以这个节日也被赋予了很多美好的祝愿，比如敬老、团圆等。

中秋节敬老的习俗，在秦代就已经形成了。当时，每到中秋，官府要挨家挨户上门慰问老人，送给老人坐凳和手杖，还要赠给老人一些食品。

旧时，在中秋节来临之时，婚后的夫妻也必须双双携带中秋月饼等礼物，向父母回报养育之恩。但是，妇女必须在中秋月夜之前返回夫家。凡外出办事的人，也都要尽可能在中秋节前返家，以便与全家中秋团聚。所以，中秋节才会被称为"团圆节"。

中秋节作为中国民间传统的节日，蕴含着强大的"孝亲""思亲"的情结。在这一天，无论身在何方，游子们都心系故园，企盼回到父母身边，合家团圆。而"团圆"，与中国传统慈孝文化中的"父母在，不远游"也有着异曲同工之处。

农历九月九日，为传统的重阳节。因为在古老的《易经》中，把"六"定为阴数，把"九"定为阳数。九月九日，日月并阳，两九相重，故而叫"重阳"，也叫"重九"。

古人认为这是一个值得庆贺的吉利日子，并且从很早起就开始过此节。庆祝重阳节的活动多彩浪漫，一般包括陪亲人出游赏景、登高远眺、观菊赏花、遍插茱萸、吃重阳糕、饮菊花酒等习俗。

九月九重阳，因为与"久久"同音，九在数字中又是最大的数，

唐代大诗人王维的一首《九月九日忆山东兄弟》，至今仍被人们传诵。它赋予了重阳节更多孝老爱亲的寓意。

中国传统记忆丛书

圖説老家風

36

有长久长寿的含意，况且秋季也是一年收获的黄金季节，重阳佳节，寓意深远。

每到重阳节，人们就会想起唐代大诗人王维写的那首诗："独在异乡为异客，每逢佳节倍思亲。遥知兄弟登高处，遍插茱萸少一人。"自古以来，重阳节就是人们敬老爱老、思念双亲、渴望亲人团圆的日子。

1989年，中国把每年的农历九月九日定为"敬老节"。这是将传统慈孝文化与现代敬老文化巧妙地结合在一起，从而使重阳节成为一个以尊老、敬老、爱老、助老为风尚的传统节日。

中国的民间节日，大都融合了慈孝文化的色彩，蕴含着祝福的意义。尤其是对长辈的祝福，如春节、端午、重阳、中秋等节日。人们以节庆为契机，祝福长者福寿康宁，表达了晚辈们的美好祈愿！

◎寿星文化是孝道的升华

"寿"文化，在中国传统文化中有着非常广泛的影响。它既是对健康长寿的美好祈愿，又是对传统慈孝文化的一种延伸。寿文化将传统慈孝文化提升到一个更高的层次，它对良好家风的形成与传承，也起到了潜移默化的作用。

俗语说："人间百福寿为先。"自古以来，追求健康长寿，就是人类一个永恒不变的主题。从古代诸多帝王将相炼丹求仙，祈求长生不老，到现代社会掀起的养生热潮，都体现出了寿文化的重要意义。寿文化，已经深深地嵌入了中华民族的骨髓。

中国传统寿文化中最重要的内容，就是弘扬孝道，尊老、敬老。在中国传统寿文化中，对"寿星"的信仰由来已久。寿星的形象，经常出现在书画、刺绣、年画、砖雕等传统艺术作品上面。

男寿星的形象是南极仙翁，头大额凸，一手扶杖，挂一宝葫芦；另一只手托着仙桃，身旁鹤鹿相伴，以喻长寿。女寿星则以"麻姑献寿图"中的麻姑为代表。

因为旧时为老人祝寿，尚有男女之别，所以才会出现男女寿星。为男老祝寿，悬挂南极仙翁，为女老祝寿，悬挂"麻姑献寿图"。

除了南极仙翁和麻姑之外，东方朔、老子等人也被奉为寿星之列。当然，后来在民间广泛流传的"八仙祝寿"故事，也让八仙的形象成为中国民间庆寿典礼上一道亮丽的风景。

"百福寿为先"，一个单纯的"寿"字，却蕴含着浓浓的慈孝情结。

今天，人们经常见到的福禄寿三星中的寿星老人，是一位平民装扮、慈眉善目、和蔼可亲的老翁。但在古代，他曾经是地位崇高的威严星官。

那么，寿星老人有着怎样的演变经历，才会从一位威严的星官，演化成最为和蔼可亲的世俗神仙呢？

中国古代的太平盛世，的确短暂而又稀少，经常是几十年一乱一治。分久必合，合久必分。而这颗时隐时现的老人星，恰是这种动荡局面的绝好象征。

然而，仅仅是象征还远远不够。古人观天象，占物候，都有很强的实用功利目的。那么南极老人星的价值在哪里呢？或许就在于他的老年人身份，和他能够承载一种重要的伦理价值观念——尊老、孝道。

东汉明帝在位期间，曾主持过一次祭祀

老寿星的形象，在我国民间已经深入人心。他不仅寓意着健康与长寿，也是对全天下老人的一种最美好的祝福。

寿星的仪式。他亲自奉献供品，宣读表达敬意的祭文。同时还安排了一次特殊的宴会，与会者是清一色的古稀老人。

普天之下，只要年满70岁，无论贵族还是平民，都有资格成为汉明帝的座上宾。盛宴之后，汉明帝还为每一位老人赠送了一定数量的酒肉、谷米，还有一柄做工精美的手杖。

福禄寿三星，是我国民间信仰中深受人们爱戴的3位神灵。他们象征着多子多福、前程美好和健康长寿。这是广东石湾的陶艺作品。

这件盛事，后来被东汉历史学家班固记录在《汉书》里面。同时敬奉天上的寿星和人间长寿的老人，是汉明帝的一个创举。

后来，随着道教文化的兴起，也使得寿星形象发生了相应的改变。最突出的，要数他硕大无朋的脑门。

寿星的大脑门，与古代道教养生术营造的长寿意象密切相关。比如寓意长寿的丹顶鹤头部就高高隆起；再比如王母娘娘蟠桃会上特供的寿桃，传说是三千年一开花，三千年一结果，食用后立刻成仙，长生不老。或许，就是因为这些长寿意象融合叠加，最终造就了寿星的大脑门。

后来，寿星虽然失去了高高在上的神威，却也因此获得了自由，走入寻常巷陌、千家万户，成为中国民间世俗生活的理想写照。

麻姑，是中国民间传说里面有名的女寿仙。相传，麻姑原是建昌人，在牟州的姑余山修道成仙。她掷米成珠，分给穷苦百姓，然后升天而去。唐代宗年间（762～779年），大书法家颜真卿曾

在中国传统艺术作品当中，代表慈孝文化的老寿星，几乎随处可见。这是清代民间根雕艺人创作的"骑鹿寿星"。

中国传统记忆丛书

图说
老家风

在江西临川为麻姑撰文立碑。

传说，农历三月初三，是王母娘娘的寿辰。在寿辰之日，王母娘娘都要设蟠桃宴宴请众仙。八方神仙、四海龙王和天上仙女都来祝寿。百花、牡丹、芍药和海棠4位花仙采集鲜花，邀请仙女麻姑同往。

麻姑用灵芝酿成仙酒，带到蟠桃会献给西王母。这便是在我国民间流传很广的"麻姑献寿"神话。

麻姑，是我国民间颇具影响的一位女寿仙。这是清代的缂丝挂轴《麻姑献寿图》。

在东晋葛洪撰写的《神仙传》里面，麻姑曾说她已经看见东海3次变为桑田，还说现在的蓬莱水也浅于旧时的一半，将来还会变成陆地。沧海变成桑田，不知道要经过多少个千千万万年。麻姑已经见过3次沧海变桑田，那么她该有多长的寿命呀。

虽说麻姑长得像十八九岁的大姑娘，可她的实际岁数是无法估算的。因此，我国民间将麻姑奉为寿星，应该是当之无愧的。

东方朔（前154年～前93年），本姓张，字曼倩。西汉时期著名的词赋家。他幽默风趣且才华横溢，在政治方面也颇具天赋。

传说，他年幼丧母，由邻居抚养长大。后来得白猿相助，登上天宫。恰好王母娘娘开蟠桃会，他便在瑶池里偷吃了仙桃，并被守护神捉住。

守护神将东方朔押到王母娘娘面前，他以滑稽之语申辩，说得王母娘娘赦免其罪，而且还赐以仙酒仙肴。从此，便有了"东方朔偷桃"之说。

东方朔以长命一万八千岁被奉为寿星。后世帝王寿辰，经常以《东方朔偷

性情幽默的东方朔，不仅被我国民间的相声行业奉为祖师爷，而且还跻身于"寿星"之列，成为长寿的象征。

桃图》作为庆典的装饰。画面多以白猿背一老者，老者腰系酒葫芦，身背仙桃；或为老者口衔、怀揣仙桃而逃的滑稽情景。

八仙是神话传说中的八位仙人，即铁拐李、汉钟离、张果老、何仙姑、蓝采和、吕洞宾、韩湘子、曹国舅八人。

八仙与道教其他神仙不同，均来自人间，而且都有多姿多彩的尘世经历，之后才得道成仙。八仙跟一般神仙的形象截然不同，所以深受民众喜爱。

八仙的传说，在我国民间早已家喻户晓。八仙，被奉为代表正义与长寿的吉祥之神。这是寿山石雕"八仙拜寿"摆件。

其中有将军、皇亲国戚、叫花子、道士等。八仙分别代表了男女老幼、富贵贫贱。也正是因为这个原因，一般的道教寺院都有供奉八仙的地方，或是独立设置八仙宫。

相传，八仙也会定期赴王母娘娘的蟠桃大会祝寿，所以"八仙祝寿"也是民间艺术常见的祝寿题材。

在我国民间，以八仙为题材的艺术作品是非常多见的。但更多的时候，是以"暗八仙"来代表"八仙"。所谓的"暗八仙"，其实就是八仙所持的法器，亦称"道家八宝"。"暗八仙"分别是铁拐李的葫芦，汉钟离的扇子，张果老的渔鼓，何仙姑的莲花，蓝采和的花篮，吕洞宾的宝剑，韩湘子的笛子，曹国舅的玉板。"暗八仙"象征着吉祥如意、万事顺利、逢凶化吉，也象征着"八仙祝寿"。

清代的年画艺人们，将八仙、福禄寿三星的形象与"寿"字巧妙地结合为一体，创作出了一幅新颖独特的《群仙祝寿图》。

◎福如东海，寿比南山

中国人对寿文化的追求，无处不在。除了以"寿星"信仰直抒对长寿的期盼之外，还衍生出一套以生命周期，抑或亘古不变的自然之物寓意长寿的象征符号。

这类自然物，涉及到大自然、动物、植物等诸多方面。比如人们在祝寿时经常说的"江山不老""寿比南山"等，就是人们以天地、山川、江山等预祝老人长寿。再比如植物和动物类的，人们经常说"长生不老松""松龄鹤寿""龟鹤齐龄"等；松树、柏树、万年青、龟、鹤、鹿等，都被视为有长寿寓意的动植物。

人们对"寿"的理想追求，不仅仅停留在传说中的"寿星"和意象的创造上面，更主要的是体现在现实生活中。通过为年长者"做寿"，既表达了对生命的珍重，又从另一个侧面折射出中国文化尊老、敬老，恪守孝道的传统伦理取向。

做寿，也称"祝寿"，指为老人举办的庆祝寿辰的民俗活动。做寿的习俗，流行于我国民间的大部分地区。

早在我国第一部诗歌总集——《诗经》里面就有过这样的记载：

在我国传统文化中，鹤与松树都是代表长寿的意象。"送鹤延年""松岭鹤寿""松鹤千年"等，有着浓厚的祝福寓意。

做寿，是民间慈孝文化的集中体现。这是清代木雕家具上的《郭子仪庆寿图》（局部）。

"跻彼公堂，称彼兕觥，万寿无疆。"这几句诗句，是对古代做寿情景的描述，可见做寿的习俗由来已久。

在传统寿文化中，古代帝王的生日则有不同的称谓。以唐代为例，唐玄宗的寿辰称"千秋节"，唐武宗的寿辰称"庆阳节"，唐宣宗的寿辰称"寿昌节"。到了明、清时期，帝王寿辰的称谓才固定下来。凡皇帝寿辰统称"万寿节"，皇后的寿辰则称"千秋节"。民间老人过生日，则称"寿诞"。

在我国古代，人们按照年龄大小将生日分为"四寿"，即36岁为本岁，60岁为下寿，80岁为中寿，100岁以上为上寿。

健康长寿，是每一个人都在追求的目标，也是全天下晚辈们送给长辈们的美好祈愿。

民间做寿一般从50岁才开始，以前称"过生日"。此后，60岁寿诞与80岁寿诞最为隆重。古代，人们以天干和地支相互配合作为纪年，60年为一花甲。因此，"花甲"也就成了60岁的代称。

在我国民间的传统做寿仪式上，寿幛是一份非常吉祥的礼物。每一幅寿幛，都承载着真切的祝福。

旧时，因为生活和医疗条件都很差，人活到60岁就算是高寿了，故而对60岁寿诞特别重视。到80岁进入耄耋之年后，则更加值得庆贺。在做寿的时间选择上，民间有"男不做十，女不做九"的说法。

"男不做十"则是因为"十"与"死"谐音，不吉利，所以为60岁或80岁的男性老人做寿时，都在前一年或过一年举行。

而"女不做九"就有点让人难以理解了。有人说，这是因为"九"的发音，跟一种名叫鸠的鸟谐音。这种鸟长得瘦骨伶仃，看上去像久病未愈似的，使人觉得不吉利。

再有一个可能，是由于古代男尊女卑的原因导致的。"九"是数字里面最大的一个，既然男人选择了"九"，女人就应该谦恭礼让。当然，这只不过是一些臆测罢了。

为老人做寿，一般都是由老人的子孙发起的。做寿的时候，除了要布置寿堂之外，还要准备供品祭神拜祖，并准备寿宴招待亲友。

为老人举行的祝寿活动，有简有繁，视生活条件和本人社会地位而定。一般人家皆发帖邀请亲友来贺，礼品有寿桃、寿面、寿联、寿幛等。

古时候布置寿堂，一般在正厅墙壁中间，男寿星悬挂"南极仙翁图"，女寿星悬挂"麻姑献寿图"，或悬挂"八仙庆寿图""瑶池献寿图"等象征高寿之画轴；或以金纸剪贴大大的"寿"字挂于礼堂正中。

烦琐的做寿仪式，不仅表达了晚辈对长辈的美好祝愿，也是一个家庭展示和谐家风的重要方面。

43

寿堂正中设有礼桌，礼桌上摆放着红色的蜡烛，另外还陈设着寿桃、寿糕、寿面、香花、水果等。

做寿的老寿星坐在正位，地上铺着红色的拜毯，接受亲友、晚辈的祝贺与叩拜。祝寿的贺词有："福如东海，寿比南山"；"日月长明，松柏长春"；"今日庆古稀，他年再双庆"等。

这是民间巧手妇女蒸制的寿桃，再配以面塑的老寿星，成为寿宴上一道亮丽的风景。

在仪式完毕之后，宾朋们共吃寿宴。

烦琐的做寿仪式，恰恰表达出传统慈孝文化的精髓。烦琐的仪式，不仅表达出了后辈对长辈的尊重与祝福之情，也是一个家庭对外展示和谐家风的舞台。

我国民间的传统寿文化，古老而又有时代精神。它无时不在、无所不至。它也为传统的慈孝文化注入了美妙的活力，将我国的尊老、敬老风尚发扬光大。

第四章
孝德动天，家风深远

孝德，是中华民族的传统美德，是我们做人的基本道理。它一直被我们的祖先极力提倡和推崇。

中国历代统治者都把孝德放在其他美德之上，将孝德提到了"百善孝为先"的高度。在此影响之下，社会舆论和民众对那些孝敬父母和长辈的人，给予极大的尊敬和赞扬，而对于不孝的人予以谴责和唾弃，甚至惩罚。在这种社会背景之下，历朝历代出现了许多孝子孝女，被作为当时行孝的楷模，广为传颂。

◎ "二十四孝"的价值与糟粕

当时的社会为了更加形象地对那些行孝楷模进行表彰，并让更多人来仿效学习，一些歌颂行孝事迹的艺术作品应运而生，这就是"二十四孝"的缘起。

迄今为止，我国发现最早的"二十四孝"作品，是五代时期俗讲僧圆鉴大师采用佛教变文创作的《二十四孝押座文》。

何谓佛教"变文"呢？

它是唐代时兴起的一种文学体裁。由于佛经经文过于晦涩，僧侣为了传讲佛经，便将佛经中的道理和佛经中的故事采用说唱的形式表现出来。这些故事内容通俗易懂，写成稿本后即是"变文"。在当时，"二十四孝"的故事已经被融入到"变文"里面，以说唱的形式，广泛传播。

在中国古代慈孝文化中，"二十四孝"可谓影响深远。这是清末版杨柳青年画《二十四孝图》。

宋代时，虽然厚葬之风已经收敛，但一直延续着前代对墓室进行华丽装饰的习俗。因此，宋代墓室的画像砖和彩绘墓画比较多。对那些墓室的主人来说，他们是希望把世间最美好的愿景带到另一个世界去。

在宋代的墓穴中，有大量"二十四孝"题材的图文画像砖和墓画。可见在宋代，"二十四孝"的内容已经在社会上产生了深远的影响。

元朝统治者入主中原以后，推行"汉法"，实行儒家的政教思想和制度，特别是沿用了自宋以来的程朱理学，大力提倡"忠孝节义"。

到了宋代，虽然厚葬之风已经收敛，但仍保持着对墓室华丽装饰的习俗。这是墓室墙壁上的"二十四孝"画像砖。

"二十四孝"虽然带些明显的愚昧封建伦理色彩，但在弘扬孝道方面，它起到了一定的积极意义。这是清代的"二十四孝"画像石（局部）。

于是，隐居福建尤溪的文人郭居敬，从历代流传的著名孝子、孝女中挑选出了 24 位最杰出的，经过一番艺术加工，再叙之以文，咏之以诗，绘之以图，编辑成书，名为《全相二十四孝诗选》，又称《二十四孝》，作为培养儿童传统孝德的启蒙读本。

《全相二十四孝诗选》一书刊行不久，便广泛地流传开来，以至于妇孺皆知。

《二十四孝》里面的故事，大都取材于西汉经学家、文学家刘向编撰的《孝子传》一书。其中也有部分故事，取材于《艺文类聚》《太平御览》等书籍。

书中的行孝楷模，按照历史朝代区分，有先秦人、汉朝人、魏晋人、南北朝人、唐朝人、宋朝人等；按照人物的身份区分，有帝王，有当官的，也有普通百姓；按照年龄、性别区分，有老年、中年、少年，有孝子也有孝女。《二十四孝》为各式各样的人都树立了行孝的榜样。

以后，又有人刊行了《二十四孝图诗》《女二十四孝图》等，流传甚广。《二十四孝》对我国民间传统艺术的创作也带来非常大的影响，比如在木雕、砖雕、年画、刺绣等传统工艺作品中，经常会出现"二十四孝"的图案。

郭居敬选取这些故事的目的，是向人们树立行孝的榜样，希望人们仿效学习。他的出发点是好的，他的做法也为当时的社会带来了积极的意义。

但是，这些故事都诞生于小农经济为主的封建时代，不可避免地会带有局限性和落后性，甚至有些愚昧的封建伦理色彩。比如"埋儿奉母"这个故事，简直是残忍无情，戕害儿童，构成了犯罪。

这样变形的孝道，怎能去弘扬和提倡呢？

在科技日新月异的今天，孝道也随着历史的发展而变化。行孝的内涵，也会因为时代的不同而呈现出新时代的特征。

因此，我们需要用正确的眼光来认识和评价历史上的"二十四孝"。摒弃糟粕，继承和弘扬有价值的内容，这些有价值的内容就是对父母的敬重和关爱，以及发自内心的侍奉父母的精神。这种精神，具有永恒不变的价值。

这就是"二十四孝"故事的核心与精华所在吧！

【延伸阅读】"二十四孝"的故事

孝感动天

舜，传说中的远古帝王，五帝之一，姓姚，名重华，号有虞氏，史称虞舜。

相传，他的生母早亡，父亲是一个瞎子，称为"瞽叟"。后来，瞽叟又娶了后妻，并生下一子，名叫象。继母溺爱象，却非常厌恶舜，因而她多次跟瞽叟、象设下圈套，欲将舜害死。

有一次，他们让舜修补谷仓的仓顶，然后趁机从谷仓下纵火，舜手持两个斗笠跳下逃脱。后来，他们又让舜掘井。舜在井下挖土时，瞽叟和象却往井里填土，舜掘地道逃脱。事后舜毫不嫉恨，仍对父亲恭顺，对弟弟友爱。

孝感动天

他的孝行感动了天帝。舜在厉山耕种，大象替他耕地，鸟儿代他播种。帝尧听说舜非常孝顺，并且有处理政事的才干，便把两个女儿娥皇和女英嫁给他。经过多年的观察和考验，最终选定舜做他的继承人。

舜继承天子之位后，仍然恭恭敬敬地去看望父亲，并封象为诸侯。

戏彩娱亲

老莱子，春秋时期楚国的一位隐士。他为了躲避战乱，携带家眷躲避在蒙山南麓以开荒种田为生。他非常孝敬父母，为了让父母吃好，他尽量做一些好吃的食物供奉双亲。

除此之外，老莱子为了让父母心情愉悦。年逾七旬的他，仍不言老。他经常穿着五色彩衣，手持拨浪鼓，像小孩子般一样戏耍，以此博得父母开心。

戏彩娱亲

有一次，父母正因为一件琐事心烦，他在为双亲送水时，假装摔倒，躺在地上学小孩子哭泣。二老见了之后，开怀大笑，烦恼也消除了。

鹿乳奉亲

郯子，春秋时期人。他的父母因为年迈，患上了眼疾，且病情越来越严重，需要饮用鹿乳疗治。为了给父母治好眼疾，他只身一人进入深山，身披鹿皮，钻进鹿群中，挤取鹿乳，供奉双亲。

有一次，他在取乳的时候，被猎人发现。猎人还认为他是一只麋鹿，想射杀他。郯子急忙掀起鹿皮，露出真容，并且将挤取鹿乳为双亲医病的实情告诉了猎人，这才免除了被误杀的危险。

鹿乳奉亲

百里负米

仲由，字子路、季路，春秋时期鲁国人。他是孔子最得意的弟子之一。他不仅性情坦诚直率，而且十分孝顺。早年，仲由的家境非常贫寒。他自己经常采集野菜充饥，却从百里之外负米回家侍奉双亲。父母谢世之后，他做了大官，奉命到楚国出访。当时，随从的车马有百乘之众，所积的粮食更达万斗之多。当他坐在垒叠的锦褥上，吃着丰盛的筵席时，

50

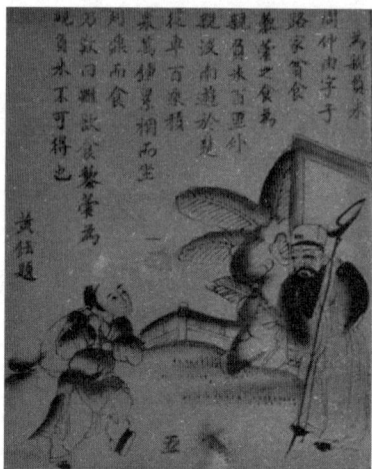
百里负米

他常常怀念双亲，慨叹说："即使我想吃野菜，为父母亲去负米，哪里能够再得呢？"

对此，孔子曾赞扬他说："你侍奉父母，可以说是生时尽力、逝后无限怀念啊！"

啮指心痛

曾参，字子舆，春秋时期鲁国人。他也是孔子最得意的弟子之一，学识渊博，曾提出"吾日三省吾身"的修养方法，史称"曾子"。曾参不仅有学问，而且还十分孝顺。

年少的时候，他的家里十分贫穷，因此，他经常上山打柴。这样既可以用于家里煮饭，又可以出售贴补生活。

有一天，曾参的家里来了客人，却拿不出一点像样的东西招待。母亲既焦急又惭愧，一时之间竟不知所措。趁客人不注意的时候，她站

啮指心痛

在门前用牙咬自己的手指。当时，正在山里打柴的曾参，忽然觉得心疼。他预感到是母亲在呼唤自己，便背着柴迅速返回家中。在门口，他见到了母亲。他赶紧放下柴草，跪问母亲。

母亲告诉他说："有客人忽然到来，我咬手指盼你回来。"

于是，曾参赶紧到外面置办了几样菜点，以款待客人。

芦衣顺母

闵损，字子骞，春秋时期鲁国人，孔子的弟子。在孔门中，他以德行高尚而与颜渊并称。孔子曾赞扬他说："孝哉，闵子骞！"

他的生母早亡，父亲便娶了后妻，又生了两个儿子。因为父亲在外面做生意，长时间不在家，闵损便经常遭受继母的虐待。冬天的时候，两个弟弟穿着用棉花做的冬衣，闵损却穿着用芦花做的"夹袄"。

有一天，父亲又要出远门。闵损在牵车的时候，因为天寒地冻，浑身打颤，不小心将缰绳掉落在地上。

父亲见了很生气，一边斥责他，一边挥起手中的鞭子在闵损的夹袄上抽了一下。芦花顿时从打破的裂缝飞了出来。父亲方知闵损受到虐待，感到非常心痛。

于是，父亲返回家中，当场要休逐后妻。闵损却跪求父亲饶恕继母，说："留下母亲，只是我一个人受冷；休了母亲，三个孩子都要挨冻。"

父亲十分感动，就依了他。继母听了之后，悔恨知错，从此对待他如亲子一般。

亲尝汤药

汉文帝刘恒，是汉高祖的第三子，为薄太后所生。即帝位之后，他以"仁、孝"之举而闻名天下。他侍奉母亲，从不懈怠。

母亲卧病 3 年，他常常目不

芦衣顺母

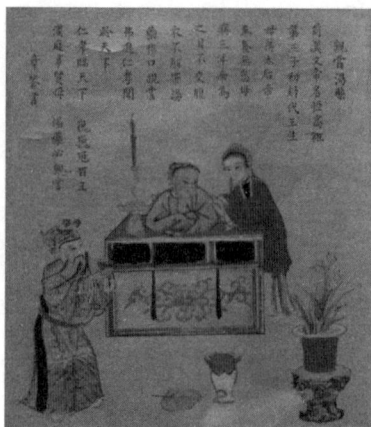
亲尝汤药

交睫，衣不解带。母亲所服的汤药，他亲口尝过之后，才放心让母亲服用。他在位 24 年，重德治，兴礼仪，注意发展农业，使西汉社会稳定，人丁兴旺，经济得到恢复和发展，他与汉景帝的统治时期被后世誉为"文景之治"。

拾葚异器

蔡顺，汉代汝南（今属河南）人。他少年丧父，对母亲非常孝顺。当时正值王莽之乱，又遇饥荒，柴米昂贵。他们母子只能依靠拾桑葚充饥。

一天，蔡顺在采摘桑葚时，偶遇一队赤眉军。其中有一个看似首领的赤眉军问道："你为什么把红色的桑葚和黑色的桑葚分开装在两个篓子里呢？"

蔡顺回答道："黑色的桑葚是供老母亲食用，红色的桑葚是留给我自己吃的。"

赤眉军首领怜悯他的孝心，便送给他两斗白米，牛蹄一个，以示敬意。

拾葚异器

埋儿奉母

郭巨，东汉隆虑（今河南安阳林州）人，一说河内温县（今河南温县西南）人，原本家道殷实。

父亲过世后，郭巨把家产分作两份，给了两个弟弟，自己独留母亲供养，对母亲非常孝敬。后来，他的家境逐渐贫困，妻子生下一个男孩。

郭巨担心养育这个孩子，必然会影响供养母亲。于是，他和妻子经过一番商量，忍痛决定："儿子可以再有，母亲死了不能复活，不如埋掉儿子，节省些粮食供养母亲。"

当他们挖坑的时候，在地下两尺处，忽然发现一坛黄金，上书"天赐郭巨，官不得取，民不得夺"。

夫妻意外得到这坛黄金，回家孝敬母亲，并得以兼养孩子。

埋儿奉母

卖身葬父

董永，相传为东汉时期千乘（今山东高青县北）人，少年丧母，因避兵乱迁居安陆（今属湖北）。他的父亲去世后，董永无钱办丧事，只好以身作价向地主借债，埋葬父亲。

丧事办完后，董永便去地主家做工还钱，在半路上遇一美貌女子，拦住董永要董永娶她为妻。董永想起家贫如洗，还欠地主的钱，就死活不答应。那女子左拦右阻，说她不爱钱财，只爱他人品好。

董永无奈，只好带她去地主家帮忙。那女子心灵手巧，织布如飞。她昼夜不停地干活，仅用了一个月的时间，就织了 300 尺的细绢，还清了地主的债务。

在他们回家的路上，走到一棵槐树下时，那女子便辞别了董永，凌空而去。相传，该女子是天上的七仙女。因为董永心地善良，七仙女被他的孝心所感动，遂下凡帮助他。

卖身葬父

刻木事亲

丁兰，相传为东汉时期河内（今河南安阳一带）人，幼年时父母双亡。他经常思念父母的养育之恩，于是用木头刻成双亲的雕像，加以供奉。

凡遇事，他均和木像商议。即使每日三餐，他也要在敬过双亲之后，自己方才食用。另外，在出门之前，他一定要到木像面前禀告，回家之后则一定要面见问候，从不懈怠。

久而久之，他的妻对木像便

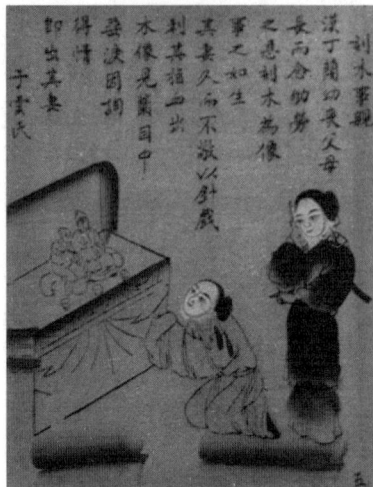
刻木事亲

不太恭敬了。有一天，她竟好奇地用针刺木像的手指，而木像的手指居然有血流出。丁兰回家之后，发现木像双目垂泪。待问明实情之后，他遂将妻子休弃。

涌泉跃鲤

姜诗，东汉四川广汉人，娶庞氏为妻。夫妻两个都十分孝顺，他们家距离长江有六七里之遥，庞氏却经常到江边取婆婆爱喝的长江水。

涌泉跃鲤

婆婆爱吃鱼，夫妻俩就常做鱼给她吃。婆婆不愿意独自吃，他们又请来邻家的老婆婆一起陪她吃。

有一次，因为风大，庞氏取水晚归。姜诗怀疑她怠慢母亲，结果将她逐出家门。庞氏寄居在邻居家中，昼夜辛勤纺纱织布，将积蓄所得托邻居送回家中孝敬婆婆。

其后，婆婆知道了庞氏被逐之事，令姜诗将其请回。庞氏回家这天，院中忽然喷涌出泉水，口味与长江水相同，每天还有两条鲤鱼跃出。从此，庞氏便用这些供奉婆婆，不必远走江边了。

怀橘遗亲

陆绩，三国时期吴国吴县华亭（今上海市松江）人，科学家。6岁时，他跟随父亲陆康到九江谒见袁术。袁术便拿出橘子招待客人，陆绩趁人不注意，往怀里藏了两个橘子。

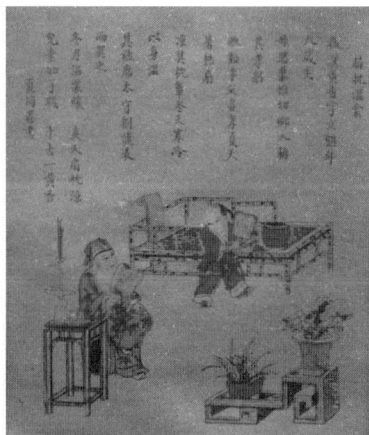

怀橘遗亲

临行时，橘子从他怀里滚落到地上。袁术便嘲讽道："陆郎来我家作客，走的时候还要怀藏主人的橘子吗？"

陆绩回答说："母亲喜欢吃橘子，我想拿回去送给母亲尝尝。"

袁术见他小小年纪就懂得孝顺母亲，十分惊讶。陆绩成年后，博学多识，通晓天文、历算，曾作《浑天图》，注《易经》，撰写《太玄经注》等。

扇枕温衾

扇枕温衾

黄香，东汉江夏安陆人。在他9岁时，母亲就病故了。他思念母亲极其哀切，乡人都称赞他的孝心。他年纪虽小，却做事不顾劳苦，服侍父亲竭尽孝顺。

夏天酷暑炎热，黄香就挥扇而使父亲的枕席变得凉快；冬天天寒地冻，黄香就以自己的身体去温暖父亲的被席。

太守刘护非常惊奇一个孩童

竟然能有这样的孝行，在黄香12岁时，被刘护召至门下，加以表彰。黄香虽家贫，却专心钻研经典，精道术，能文章，京师号曰"天下无双，江夏黄童"。

他曾任左丞、尚书令等职，勤于政事，忧公如家，喜欢推荐人才。安帝时，黄香迁魏郡太守，遭遇水灾饥荒，于是分出自己的俸禄及所得的赏赐，赈济贫民，富裕人家也各出义粮帮助他，救活的人不计其数。黄香著有《九宫赋》《天子冠》等文章。

行佣供母

江革，东汉时齐国临淄人。他少年丧父，侍奉母亲极为孝顺。在战乱中，江革背着母亲逃难，有数次遇到匪盗。贼人欲杀死他，江革哭求道："老母年迈，无人奉养，我死无憾，老母却无人照料。"

行佣供母

贼人见他如此孝顺，不忍心杀他。后来，他迁居江苏下邳，做雇工供养母亲，自己贫穷赤脚，而母亲所需甚丰。明帝时，他被推举为孝廉，章帝时被推举为贤良方正，任五官中郎将。

闻雷泣墓

闻雷泣墓

王裒，魏晋时营陵（今山东昌乐东南）人，博学多才。他的父亲王仪被司马昭杀害之后，他选择隐居市井，以教书为业。日常起居，他不面向西坐，表示永不做晋臣。

他的母亲在世时特别怕雷，去世后埋葬在山林中。每当风雨天气，听到雷声，他就跑到母亲坟前，跪拜安慰母亲说："裒儿在这里，母亲不要害怕。"

他在教书时，每当读到《蓼莪》篇，常常泪流满面，思念父母。

哭竹生笋

孟宗，三国时江夏人。在他年少的时候，父亲就病故了。母亲年老病重，医生嘱其用鲜竹笋做汤，可以为母亲治病。

当时正值寒冬，没有鲜笋。孟宗虽然心焦如焚，却无计可施。他独自一人跑到竹林里，扶着竹子无助地哭泣起来。

少顷，他忽然听到地裂声，只见地上长出数茎嫩笋。孟宗大喜，采回家中做汤。母亲喝了之后，果然病愈。孟宗后来大有作为，官至司空。

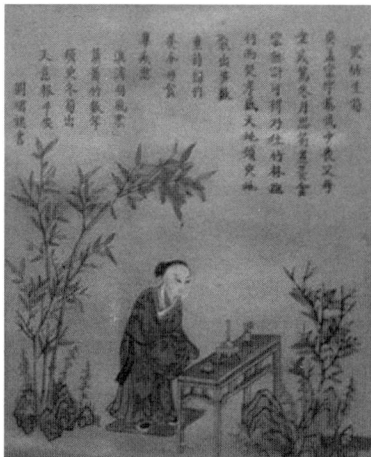
哭竹生笋

卧冰求鲤

王祥，琅琊人，他的亲生母亲早就去世了，继母对他很刻毒，经常在他父亲面前说他的坏话。有一次，继母病重，她说想要鲤鱼吃。于是，王祥去外面捕鱼。

卧冰求鲤

那天天气特别寒冷，河面结了厚厚的冰。王祥为了能捕到鱼，竟然脱下衣服，赤身在冰上，想用身体把冰化开。这时，冰面突然裂开，跃出了两条活蹦乱跳的鲤鱼。王祥高兴极了，把鱼煮给继母吃。数日后，继母的病好了。从此，继母也改变了对王祥的态度。

他的举动，在十里乡村传为

佳话。人们都称赞王祥是人间少有的孝子。汉末，他隐居庐江（今安徽舒城）20年，后任大司农、司空、太尉、太保等官职。

扼虎救父

杨香，晋朝顺阳（今河南淅川县东南）人。杨丰之女。她很小的时候，母亲就去世了。父亲含辛茹苦，把她养大成人。杨香对父亲非常孝顺，可以说是关心备至，体贴入微。

扼虎救父

杨香14岁这年，她随同父亲去田里割稻，忽然蹿出一只大老虎，扑向她的父亲，并将她父亲一口叼住。危急关头，杨香一心只想着父亲安危，完全忘了自己与老虎的力量悬殊。

只见她猛地跳上前去，用力卡住老虎的头颈。任凭老虎怎么挣扎，她一双小手始终像一把钳子，紧紧卡住老虎的咽喉不放。老虎终因喉咙被卡，无法呼吸，瘫倒在地上，他们父女才得以幸免遇难。

恣蚊饱血

吴猛，晋朝豫章（今江西南昌）人。幼年母亲早逝，他非常孝

恣蚊饱血

顺父亲。吴猛家里很贫穷，床上没有蚊帐。南方蚊子多，每到夏天，又大又黑的蚊子咬得一家人睡不好觉。

8岁的吴猛，很心疼劳累了一天的父亲。为了让父亲睡个踏实觉，他想了一个办法。每到晚上，吴猛就赤身睡在父亲身旁。小孩子身上细皮嫩肉的，蚊子都集聚在他的身上，且越聚越多。

中国传统记忆丛书

图说
老家风

吴猛却任由蚊子叮咬吸血，一点也不驱赶，他是希望蚊子喝饱了血就不再叮咬父亲。吴猛的父亲去世之后，他为父亲守丧3年。在这3年里，他早晚祭奠供奉，从不间断，受到世人的赞誉。

尝粪忧心

庾黔娄，南齐高士，任孱陵县令。当年他赴任不满十天，忽觉心惊流汗，预感家中有事，当即辞官返乡。

尝粪忧心

当他回到家里时，才知道父亲已经病重两日。医生嘱咐说："要知道病情吉凶，就要尝一尝病人粪便的味道，味苦就好。"

于是，庾黔娄就亲自尝父亲的粪便，味微甘，于是，内心十分忧虑。夜里，他跪拜北斗星，乞求以身代父去死。几天后父亲死去，黔娄安葬了父亲，并守制3年。

乳姑不怠

崔山南，字从律，唐代博陵（今属河北）人，官至山南西道节度使，人称"山南"。当年，崔山南的曾祖母长孙夫人，年岁很高，没有了牙齿，而且身体不好。

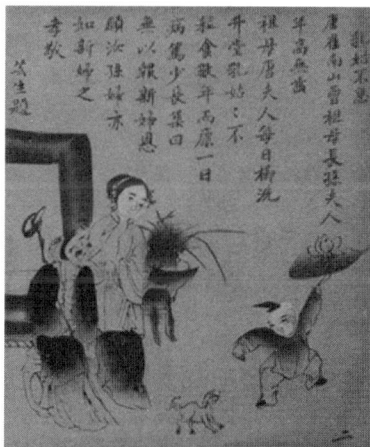
乳姑不怠

崔山南的祖母叫唐夫人，她每日还为自己的婆婆梳头盥洗，还搀扶她上堂。她看见婆婆没有牙齿了，就用乳汁供养其婆婆。数年后，她的婆婆竟然康复了。

有一天，曾祖母病重了，她把长幼都召集起来，对大家说："我没有什么可以报答我儿媳妇的恩德，愿你们这些孙媳妇，能像她孝敬我一样就足够了。"

后来，崔山南做了高官，果然像长孙夫人所叮嘱的那样，孝敬祖母唐夫人。

涤亲溺器

黄庭坚，北宋分宁（今江西修水）人，著名诗人、书法家。他虽身居高位，侍奉母亲却竭尽孝诚。因为母亲有洁癖，受不了马桶的异味，所以他从小就每天亲自倾倒并清洗母亲所使用的马桶，数十年如一日。

涤亲溺器

即使日后身为朝中显贵，他也丝毫未忽略照顾侍奉母亲。尽管当时仆从甚多，大可不用亲自为母亲清洗马桶，但他认为侍奉父母是为人子女该做的事，不可以委托他人之手。

当母亲病危的时候，他更是衣不解带，日夜侍奉在病榻前，亲自浅尝汤药，没有一刻未尽到人子的孝道。苏东坡曾赞叹他："瑰伟之文，妙绝当世；孝友之行，追配古人。"

弃官寻母

朱寿昌，宋代天长人，7岁时，生母刘氏被嫡母（父亲的正妻）

弃官寻母

嫉妒，不得不改嫁他人。从此以后，母子骨肉分离，50年未能相见。

50年来，朱寿昌无时无刻不在思念自己的母亲。每到一地为官，他都四处查找老人家的踪迹。可是人海茫茫，找人谈何容易。宋神宗当朝的时候，朱寿昌曾刺血书写《金刚经》，行四方寻找生母。在得到线索之后，他决心弃官去寻找生母。

临行时，他对自己的家人发誓说："找不到母亲，我今生今世决不回家！"这一次，他将寻母的重点放在秦地（今陕西）。

后来，他历尽千辛万苦，终于在同州（今陕西大荔县）找到了自己的母亲。当时，刘氏已经70多岁了。

孝，是中国传统之美德。此处的"孝"字，是根据南宋著名学者朱熹题写的"孝"字临摹的。

◎弟子规，圣人训

中国古典名著博大精深，而古代启蒙教材更成为古代文学史上一颗熠熠生辉的明珠。幼儿时期，是一个人文化素养、高尚人格形成的关键时期，而启蒙教材作为这一阶段人们的必读书目，对其为人处世有着极为重要的影响。

李毓秀果断地放弃了科举入仕，将毕生精力投入到教书和治学上面，从而成为一位远近闻名的贤士。

比如南宋儒学代表人物及理学集大成者朱熹，便与其弟子刘清之合编了《小学》，作为儿童启蒙教育读本，并流传了数百年。到了清代，很多人认为《小学》的内容与当时的社会文化出现了一定的差距，不容易被幼儿所理解和接受。

于是，在清代初期，有一位名叫李毓秀的秀才，根据传统对童蒙的要求，也结合他自己的教书实践，写成了《训蒙文》一书。

李毓秀（1647~1729年），字子潜，号采三。山西新绛县人。他性情温和豁达，才华横溢，但他平生只考中秀才。科举不中之后，他在外游学数年，并偶遇一位学识极其渊博的隐士。此后，李毓秀忽然感觉到，以他自身的状况，即使拿出毕生的精力来参加科考，恐怕也难以有所作为。

于是，他放弃了科考入仕之路，将平生的精力都投入到教书和治学上面。他精心研读《大学》《中庸》，并创办"敦复斋"讲学。当时，来听他讲课的人非常多，有时候屋内挤得水泄不通，只好将课堂挪到院子里去。因为他的学识非常渊博，人们都尊称他为"李夫子"，连当地的一些官宦人士也经常前来向他请教。

在致力于教书之外，他还创作了许多作品，除《训蒙文》之外，还有《学庸发明》《四书正伪》《读大学偶记》《水仙百咏》等，为后世留下了不少精神食粮。

后来，清代的另一位文人贾存仁，对《训蒙文》进行了精心修订和改编，并改名为《弟子规》。

《弟子规》的内容，采用《论语》"学而篇"第六条的文义，列述弟子在家、出外、待人、接物与学习上应该恪守的守则规范。

全书共360句，1080个字，3个字一句，两句或四句连意，和仄押韵，朗朗上口。全篇先为"总序"，然后分为"入则孝、出则悌、谨、信、泛爱众、亲仁、余力学文"7个部分。

《弟子规》浅显易懂，押韵顺口，文风朴实，可谓谆谆教诲、循循善诱。清朝中叶之后，这本书一纸风行，一度成为私塾的必读课本，堪称是启蒙养正，教育子女敦伦尽分、防邪存诚，养成敦厚家风的最佳读物。

它与《三字经》《百家姓》《幼学琼林》等并称为古代启蒙教育教材，被誉为"开蒙养正最上乘"之读本。

《弟子规》，被誉为是"开蒙养正最上乘"读本之一，至今仍备受关注。这是民国版绘图本《弟子规》读本。

《弟子规》是根据孔子的教诲改编而成的生活规范，其目的是为了加强儿童德育教育。这是孔子幼年时与小伙伴们演习礼仪的《俎豆礼容图》。

《弟子规》的总序中说："弟子规，圣人训；首孝悌，次谨信；泛爱众，而亲仁；有余力，则学文。"

这篇总序的意思是说：《弟子规》是依据至圣先师孔子的教诲改编而成的生活规范。教导人们在生活中，首先要孝顺父母，爱护兄弟姊妹；其次言行举止要小心谨慎，要讲信用；与人相处要平等博爱，并且亲近有仁德的人，向对方学习；如果做好这些之后，还有多余的时间和精力，就应该好好学习其他有益的学问。

从总序可以看出，《弟子规》主要是加强德育教育的。"首孝悌"，则指出了"孝"在整个德育教育中的地位。

孝，是做人的根本。古人云："水有源，木有本，父母者，人子之本源也。"意思是说，人之所以能够立于天地之间，就是因为有底下的根，根就是自己的父母。

在中国古代，一个人只有具备孝德，才能在社会上立足。只

一个"福"字，蕴含了中华民族太多的梦想与追求。而孝德，则是福之根本。

在晚清时期的私塾中，《弟子规》是儿童们必学的启蒙宝典。

64

有对父母亲人以孝以礼相待，他的名声和社会地位才会被世人所承认和接受。古时评论一个人的品德如何，首当其冲要考察的便是其为人和孝道。很自然，《弟子规》便将"入则孝"列为幼童主修的首篇。

"孝德"对人生命运和家庭及社会的影响意义极其重大，因此，《弟子规》将"孝德"的培养教育放到重要的位置上。

古代先哲们在发明汉字的时候，对"教"字就赋予了很深的寓意。"教"字是由一个"孝"字和"文"字构成的，不孝不教，也就是在告诫人们教育的根本是在培养人的孝心，并且要贯穿整个教育的始终。

人人皆知父母养育儿女之辛劳，儿女们则应该尽己所能来回报双亲。但这种善良的天性如果不及时施以正确的教导，则此种感恩之心很可能不久就会泯灭掉。

所以，从小就应该培养孩子们的慈孝之心。当他们在家知道孝敬父母之后，在外面才知道尊敬老师、长辈，他才能进一步把这份爱心扩展到周边的一切。这正是《弟子规》所传达的慈孝文化的精髓。

或许，正是因为这份最朴素、最美丽的愿景始终存在着，才使《弟子规》这本流传300多年的启蒙宝典，至今仍长兴不衰！

【延伸阅读】《弟子规》之"入则孝"篇

（原文）父母呼　应勿缓　父母命　行勿懒

父母呼唤，应及时应答，不要拖延迟缓；父母交代的事情，要立刻动身去做，不可拖延或推辞偷懒。

（原文）父母教　须敬听　父母责　须顺承

父母的教诲，应该恭敬地聆听；做错了事，受到父母的教育和责备时，应当虚心接受，不可强词夺理。

（原文）冬则温　夏则清　晨则省　昏则定

冬天寒冷时提前为父母温暖被窝，夏天酷热时提前帮父母把床铺扇凉；早晨起床后，先探望父母，向父母请安；晚上伺候父母就寝后，才能入睡。

每个人从一出生的时候，就被父母的爱紧紧地围裹着。这是民间"命名祈祥"的习俗，蕴含着父母太多的慈爱与期盼。

（原文）出必告　反必面　居有常　业无变

出门时告诉父母去向，返家后，面告父母报平安。起居作息，要有规律。我们所居住的地方要固定，不要老搬家；我们的事业、职业也不要老更换。

（原文）事虽小　勿擅为　苟擅为　子道亏

事情虽小，也不要擅自做主和行动；擅自行动造成错误，让父母担忧，有失做子女的本分。

（原文）物虽小　勿私藏　苟私藏　亲心伤

公物虽小，也不要私自占为己有；如果私藏公物，缺失品德，就会让父母伤心。

（原文）亲所好　力为具　亲所恶　谨为去

父母喜欢的事情，应该尽全力去做；父母厌恶的事情，要小心谨慎不要去做。

（原文）身有伤　贻亲忧　德有伤　贻亲羞

自己的身体受到伤害，父母就会忧虑；做出伤风败德的事，父母就会蒙受羞辱。

（原文）亲爱我　孝何难　亲憎我　孝方贤

父母喜爱我们的时候，孝顺不是困难的事情；父母不喜欢我们或管教过于严厉的时候，仍孝顺父母才是难能可贵。

淳朴的母亲用柔弱的肩膀，承担着家庭的重担，还有孩子们的欢笑、眼泪与梦想。身为儿女的，难道不应该好好孝敬父母吗？

（原文）亲有过　谏使更　怡吾色　柔吾声

父母有过错的时候，应小心劝导改过向善；劝导时要和颜悦色、态度诚恳。

父母用温暖的爱呵护着孩子们长大，每一个做儿女的都应该懂得感恩父母。这是重庆民间剪纸作品《小棉袄》。

（原文）谏不入　悦复谏　号泣随　挞无怨

父母听不进去劝解，应该和颜悦色反复规劝；父母不听恳劝，我们虽难过地痛哭流涕，也要恳求父母改过；纵然遭遇到责打，也无怨无悔，以免陷父母于不义，铸成大错。

（原文）亲有疾　药先尝　昼夜侍　不离床

父母亲生病时，要替父母先尝药的冷热和安全；要昼夜服侍，

一时也不离开父母床前。

（原文）丧三年　常悲咽　居处变　酒肉绝

父母去世之后，守孝三年，经常追思、感怀父母的养育之恩；生活起居，戒酒戒肉。

（原文）丧尽礼　祭尽诚　事死者　如事生

办理父母的丧事要合乎礼节，不可铺张浪费；祭奠父母要诚心诚意；对待去世的父母，要像生前一样恭敬。

第五章
家国相映，忠孝家风

"忠"是立国之本，"孝"是立家之本。古语说："百善孝为先。"家庭是社会的细胞，家风是国风的基础。只有每一个家庭的家风敦厚、纯正，整个社会的风气才会好转，国家的风气才得以清正。风清气正，方能政通人和、国家文明富强。

◎忠孝相通，孝始忠结

在我国古代典籍《周易》的卜辞里面，已经提出了"教先从家始""正家而天下定"的主张。

后来的儒家学说，更是大力倡导"修身齐家治国平天下"。儒家创始人孔子说过："大孝，始于事亲，中于事君，终于立身。"他的徒弟曾参也说过："孝子善事君。"这些话的意思是说，一个真正具有孝心的人，应该把孝心转化成对国家的忠心，把对家的责任感转移到对国的责任感。

"忠孝相通，孝始忠结"，这是儒家孝道观的一大特点。只有家风清正，方能守住国风本色。古人把家

忠孝，是中国传统家风文化之魂。忠孝精神，已经渗透到百姓生活的方方面面。这是清代建筑上的，以忠孝为主题的木雕饰件。

风总结为"五常八德"。

何谓"五常八德"呢？

"五常"，即人们经常所说的"仁、义、礼、智、信"；"八德"，为"忠、孝、仁、爱、信、义、和、平"。

在这些家风当中，"忠孝"是最基本的。"忠"是立国之本，"孝"是立家之本。"不孝则不仁，不仁则不义，不义则不忠"，由此可见，忠孝总是连为一体的。孝是忠的基础，忠是孝的结果；忠是孝的扩大，孝是忠的缩小。

南北朝时期的文学家、教育家颜之推在《颜氏家训》里面写道："诚孝检迹，立身扬名。"他要求子孙能够检点行为、忠孝两全，从而建立功业、播扬声名。

"孝"的含义，我们比较容易理解。那么，"忠"的真实内涵是什么呢？

其实"忠"字也很好理解。我们不妨把"忠"字拆开来看一下，"忠"字拆开就是两个字，"中"与"心"。连起来读一下就是"中心"，倒过来念一下就是"心中"。

"忠"，就是对所发誓效忠的对象真心诚意。从狭义上讲，"忠"是对朋友、爱人或家人等，尽心尽力，没有二心；从广义上讲，

忠孝精神，贯穿于整个中华民族的历史当中。这是明代画家笔下的《抗倭图卷》（局部），打击倭寇，捍卫国家与人民的利益。

"忠"，就是对事业、人民、国家无限忠诚。其表现形式广泛，诸如保持民族大节，捍卫国家尊严，维护疆土完整；心怀天下，眷恋母邦；忧国忧民，为民请命，勇于革新；等等。

当然，今天我们所说的"祖国"，与古人所称的"祖国"不能完全等同。我国是一个历史悠久的多民族国家，中国人的忠孝爱国思想，在不同的朝代、不同的历史时期，具有不同的社会内容和时代特征。但其前后相连、古今相通的关系，则是十分明显的。

自古忠臣多出孝子，尽孝与尽忠是相辅相成的。孝与忠，是有着内在的联系和共同本质的"两位一体"。小家与大家本质相同。

南宋时期的民族英雄岳飞，他出身贫寒。在19岁的时候，他就应募从军，立下不少战功。后来，因为父亲病故，他还乡守孝。不久，金兵再一次入侵国土，朝廷危机。此时，岳飞作为家中的独子，既要为父亲守孝，又要侍奉老母。在两难之际，她的母亲对他说："好男儿要为国家尽忠，为父母尽孝。若忠孝不能两全，二者只能取一时，理应尽忠。"

为了使儿子不忘这番教诲，岳母特用银针在岳飞背上刺下"尽忠报国"4个字。鼓励儿子出征抗金，还我河山。岳飞遵循母命，毅然率领岳家军奔赴战场，浴血奋战，收复了大片国土。

常言说："寒门出孝子。"只有劳动人民，才能更真切地体会到生活的艰辛和养育子女的不易。有许许多多劳动人民，在面对外敌欺侮和民族危亡的时候，他们像抗金名将岳飞一样，奋起反抗，忠于国家和民族。这种"忠"是"大忠"，要伟大得多，更值得称颂。

"木兰从军"的故事，在我国民间流传了一千余年，至今仍然被人们津津乐道。

北魏时期，有位美丽的姑娘叫花木兰，她从小跟父

岳母刺字，使岳飞永远不忘母亲的教诲。抗金杀敌，尽忠报国。因此，岳飞也成为中华民族弘扬忠孝精神的楷模。

中国传统记忆丛书

图说
老家风

北魏时期的花木兰替父从军，成为中国古代忠孝双全的榜样，至今仍被人津津乐道。这是清末版杨柳青年画《木兰从军图》。

亲练就了一身好武艺。有一年，外族侵扰，朝廷征兵。他的父亲连收 12 道军帖，但因为患病在身，难以出征。为了解除父忧，花木兰毅然决定替父从军。她买来骏马和鞭鞍，辞别父母和姊妹，赶赴边境。她历经百战，屡立战功。后来，她被提升为将军。

12 年戎装战场，竟无人知晓她是女儿身。凯旋之后，皇帝欲对她加官封爵、赏赐财物。她却谢绝道："本人是替父从军卫国，一不要官爵，二不爱钱财，唯求早回故乡，脱去战袍，换上女装，在家孝敬爹娘。"

花木兰的故事，已经成为中国古代忠孝两全的一个符号，滋养着一代又一代中国人的心灵。不仅如此，中国传统忠孝文化之所以能够长盛不衰，穿越秦关汉月，给人以强烈的震撼，还在于忠孝文化的包容性。

这种为了民族利益，为了道义而献身的"忠孝"精神，在中国传统社会同样发挥着不可估量的榜样力量。那些英雄事迹，如不畏强暴的晏婴；英勇抗击匈奴的卫青、霍去病；挥师北伐的祖逖；抗击倭寇的戚继光；"也留正气在乾坤"

明代抗倭将领戚继光率领"戚家军"，以一敌十，令倭寇闻风丧胆。

的张煌言；收复台湾的郑成功；虎门销烟的林则徐……

他们的爱国献身精神，至今仍具有巨大的精神感召力，对传统家庭的道德教育也有着十分深远的影响。

◎忠孝从于"道义"

忠孝文化与"义"联系到一起，"从道不从君，从义不从父。"当忠孝两者不能兼顾时，需要忠孝必须选择其一时，舍孝而尽忠，舍愚忠而取道义，拓展了传统忠孝文化的内涵。

古代官员有"守制"制度，即父母去世后要在家守孝3年之后，方能归仕。而在这3年之中，风云难测，有的人也许从此只能空怀抱负而无施展才华的舞台了。

明朝宰相张居正为了推行新政，为天下苍生谋福利，毅然选择放弃"守制"，曾引起士林的极大愤慨。但如果不是他果断地采取这种"离经叛道"的行为，明朝的赋税改革也就不会顺利地进行，他也就不会名垂青史了。

孔子在《孝经》里说："人之行，莫大于孝。"接着又说："孝，德之本也，教之所以由生也。"孔子的意思是说，人的德行没有比孝道更重要的。孝，是德行的根本，教化就从这里开始。

我们的祖先把孝看成是德行的根本，反映了中华民族对秩序社会的向往。家庭的安宁，社会的稳定，是百业兴盛的基础和柱石。它也反映了中华民族对建立和谐的人际关系的追求。

但这并不是说，晚辈对长辈永远只能是百依百顺，儿子对父亲只能言听计从。当长辈犯了错误，而晚辈还对他的错误毕恭毕敬，那就是错上加错。《孝经》里说："当不义，则争之；从父之令，又焉得为孝乎？"这就是说，

张居正从于道义，打破古代官员的"守制"制度，对明代的赋税改革做出了杰出的贡献。

中国传统记忆丛书

圖説
老家風

假如父亲做了不义的事情，儿子就应该规劝他。这时候，若还随顺父亲的意思，又哪里算得上孝子呢？

由"孝"推及"忠"，道理是一样的。若君王昏庸，不知所为，而属臣却不加劝谏，不计后果，不衡量利弊，只知道按照命令办事，怎么能称得上"忠"呢？背离了道义的"忠"，只能是"君让臣死，臣不敢不死"的"愚忠"了。

在古人的眼里，道德往往是高于法律的。因此，一个君王希望自己的国家臣民忠诚，首先君王自己得诚实。古代挑选君王的先决条件，就是"忠实"，即为人忠厚、讲信用。因为君王如果不忠实，付出的代价往往会很惨重。

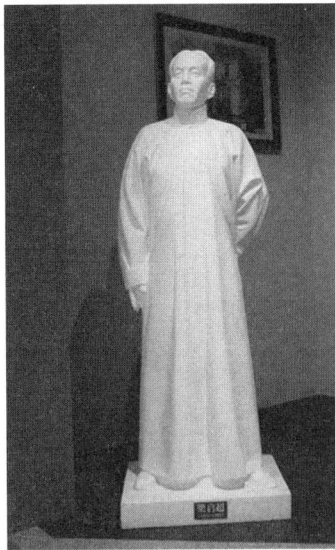

梁启超是"戊戌变法"的领袖之一，曾入袁世凯政府担任司法总长。梁启超从于道义，袁世凯称帝、张勋复辟时，都遭到过梁启超的严词抨击。

西周时期，有一名美女叫作褒姒。古褒国的人为了赎罪，将她献给了周幽王。褒姒生性不爱笑，周幽王为了博取美人一笑，他做出了一个非常荒唐的决定。

周幽王不顾众臣反对，竟数次无故点燃边关告急用的烽火台，使各路诸侯长途跋涉，匆忙赶去救驾。结果，被戏而回，懊恼不已。从此以后，周幽王在诸侯眼中便失去了信用。

后来，褒姒勾结奸臣，多次向周幽王进谗言，从而使他做出了废申后和太子的不义之举。为此，申后之父联络犬戎入侵。周幽王慌忙命人点燃烽火示警，但诸侯以为又是骗局而不愿前往增援。结果，倒霉的周幽王被犬戎弑杀，褒姒也被劫掳，做了别人的"姨太太"。

周幽王为了博得美女褒姒一笑，竟做出了"烽火戏诸侯"的荒唐之举，结果导致丧身亡国。这是清代铜版印刷的《烽火戏诸侯图》。

烽火戏诸侯的周幽王，因为撒了一个谎，搞得国破人亡，导致西周崩溃，周朝开始衰败。从那以后，"君无戏言"成了金科玉律。

◎忠孝节俗与忠孝戏曲

传统的忠孝思想，在整个中华文明的形成和发展中，发挥了非常重要的作用。它是维系国家和家庭不可或缺的纽带。自从有了这根纽带，国家才能长治久安，家庭才能温馨和睦，文明才能传承发扬。

同为中华儿女，不仅仅因为我们是黄皮肤、黑眼睛，会说一口中国话，而真正让我们中国人感到同气连枝、血脉相连的，是来自传统文化的传承与延续。

众所周知，传统节日是我国传统文化的一个重要组成部分。传统节日的习俗，在我国民间的每一个家庭当中，都留下了深刻的烙印。它们的演变与传承，对传统家风有着潜移默化的影响。

中国传统记忆丛书

圖说
老家風

西汉大臣苏武，被拘留匈奴19年持节不屈。至始元六年，才获释回汉。汉宣帝将其列为"麒麟阁十一功臣"之一。

在众多的节日习俗当中，忠孝文化始终都是一个十分重要的主题。慈孝文化与传统节日习俗的密切联系，我们在上一章里面已经详细说过了。在这里，我们不妨以端午节为例，简单了解一下古代忠孝爱国文化，对传统节日习俗的深刻影响。

在端午节这天，我国南方民间有划龙舟、吃粽子的习俗。这些习俗，传说就是为了纪念战国时期的伟大爱国诗人屈原的。屈原是楚怀王的大臣，他倡导举贤授能，富国强兵，力主联齐抗秦，然而，他的主张，却遭到贵族子兰等人的强烈反对。因此，他遭谗被贬，并被流放到外地。

在流放途中，屈原走遍了现在湖

南、湖北的许多地方，写下了《离骚》《天问》《九歌》等许多充满爱国忧民情感的诗篇。

公元前278年，秦军攻破了楚国京都。屈原眼看自己的祖国被侵略，心如刀割。于五月初五，他写下了绝笔作《怀沙》之后，抱石投汨罗江身死。他以自己的生命，谱写了一曲壮丽的爱国主义乐章。

屈原死后，人们为他建庙筑坟，长久地敬仰他、怀念他。他死在农历五月初五，人们把这一天当作一个节日，即端午节。

战国时期伟大的爱国诗人屈原，用生命谱写了一曲爱国忧民的伟大诗篇，光照千秋。

屈原的家乡和中国南方广大地区，每到这一天都要举行盛大的划龙舟比赛，据说划龙舟就是表示拯救屈原的意思。而且在端午节这天，汨罗江边的老百姓为了祭祀屈原，家家户户都要把米包成粽子投进水里去喂鱼虾蟹鳖，使它们吃饱后不再去吃屈原的尸体。后来，划龙舟、包粽子、吃粽子便演变成了端午节的固定习俗，并传遍全国。

时至今日，我国民间在过端午节时，仍保留着吃粽子、龙舟竞渡等习俗。龙舟竞渡的习俗，便蕴含着拯救屈原的寓意。

这些以忠孝爱国为主题的民俗活动，在我国民间影响非常广泛。因此，它们对传统家风文化也产生了深刻的影响。从而使社会大众或家庭成员，以更加生动、直接的方式来接受"忠孝"思想的教育。

传统戏曲是中华民族精神文化的重要组成部分之一，也是历代人民最喜闻乐见的一种娱乐方式之一，对于弘扬民族传统的忠孝爱国精神，也起到了举足轻重的作用。

古代中国是一个农耕社会。民众的文化普及率非常低，加之古代社会没有像现代这样便捷的新闻媒体因此，对一些忠孝事迹的弘扬，人们往往都是通过口口相传的方式来传播的。而各种不同风格的地方戏曲，便成为了最形象、最直接的载体。

传统戏曲是中国古代民间最喜闻乐见的一种娱乐方式。它对弘扬忠孝精神以及其他美德，起到了不可忽视的作用。

忠孝文化，一直都是我国传统戏曲高扬的主题。譬如元代高文秀创作的《渑池会》（蔺相如故事），明代冯梦龙创作的《精忠记》（岳飞故事），清代周乐清创作的《纫兰佩》（屈原故事），清代汪光被创作的《易水歌》（荆轲故事），等等。

在我国民间久传不衰、妇孺皆知的忠孝爱国戏曲剧目当中，最突出的要数"岳家军戏"和"杨家将戏"。

流传较广的"岳家军戏"，有《岳母刺字》《黄天荡》《岳家庄》《战金山》《挑滑车》《八大锤》《镇潭州》《金牛岭》等；流传较广的"杨家将戏"，有《金沙滩》《李陵碑》《清官册》《五台山》《三岔口》《穆柯寨》《四郎探母》《洪阳洞》《雁门关》《三关排宴》《寇准背靴》《穆桂英挂帅》等。

在传统戏曲当中，有不少以忠孝为主题的剧目。这是木版范县扇面画"杨家将戏"之《穆柯寨》。

这些传统剧目，大都颂扬了那些忠孝爱国的仁人志士，鞭挞了那些背叛祖国的民族败类。与千古流芳的民族英雄一样，戏曲中所弘扬的忠孝爱国精神也能够传诸

博爱，是孙中山先生的手迹。这两个字所体现的内涵，使传统忠孝精神摒弃了狭隘与愚昧的一面。

百世而不朽。

这些传统剧目，在社会各阶层中都有不小的影响，甚至至今仍深受人们的喜爱。其中的忠孝人物，大都成为了家喻户晓、人人敬之的道德偶像。他们所散发出的人格魅力，浸润到不计其数的家庭当中。对传统家风文化中忠孝品质的培养与传承，起到了不可忽视的推动作用。

我们中华民族之所以有着热爱祖国、维护统一、勤劳勇敢、坚忍不拔的精神品格，与我们世代家风传承，并大力弘扬的忠孝文化是不可分割的。

在古代，强调对君王的"忠"，对家长的"孝"。今天，我们应该摒弃其狭隘和愚昧的一面，将其改造为对国家、民族、人民和事业的忠诚，以及对父母长辈的孝顺、对亲人朋友的关爱等。

在新的时代，我们所弘扬的，应该是这种意义和内涵下的忠孝思想，使其成为所有人道德和精神追求的最高境界。

第六章
家风和谐，百事俱兴

家风，不仅是一个家庭的性格特征，也是一个家庭内部的道德规范。它体现了家庭文化的核心价值，它可以内化为每一个家庭成员的内在自我价值，并成为家庭成员的行为准则。一个家庭或家族的风气要正，首先是要注重以德立家、以德治家。

优良的家风对社会而言，就是一种道德力量。如果每个家庭都能传承优良的家风，如果每个家庭成员都能拥有家风意识，那么社会的风气就会变得清正。

家庭，是中国传统社会中最具活力的元素。"家和万事兴"，古人历来追求家庭关系的和谐与稳定。

传统家风作为一种综合的教育力量，包含着丰富的家庭和谐思想。中国人在人际交往与社会处世中，极其崇尚"和合"精神。

那么，"和合"是什么意思呢？

"和合"中的"和"，指的是和谐、和平与祥和；"合"则是指结合、融合与合作。"和"本身已经包含了"合"的意思，而两者结合，就是由相和的事物融合，并产生新的事物。

在中国传统家风文化中，和合文化占着主导的地位。这是景德镇瓷塑"和合二仙"的形象。

◎ "和合"精神与"和合二仙"

"和合"精神，是使家庭、社会凝聚在一起，形成不离散的社会整体结构的聚合剂，亦是社会和谐、安定的调节剂。

儒家学派创始人孔子，便是以"和"作为人文精神的核心。其弟子有子曾说过："礼之用，和为贵。"这也代表了孔子的思想，认为治国处事、礼仪制度，以"和"为价值标准。

不仅儒家，构成中国传统文化有机部分的其他流派，如佛家、道家、墨家等，也大都主张人与人之间、族群与族群之间的"和"。佛教反对杀生，主张与世无争；道家倡导"不争"，以"慈""俭"与"不敢为天下先"为"三宝"；墨家主张"兼相爱，交相利"，尤为反对战争。

在处理人与人之间的关系时，孔子强调："君子和而不同，小人同而不和。"这句话的意思是说，君子与人相处，和平忍让，而其见解卓越，与众不同；小人所见平庸，与众相同，而其争利之心特别强，不能与人和谐处事，但能扰乱他人而已。

战国时期，廉颇是赵国有名的良将。他战功赫赫，被封为上卿。蔺相如因为"完璧归赵"有功，被封为上大夫。

过了不久，在渑池秦王与赵王相会的时候，蔺相如维护了赵王的尊严，因此，他被提升为上卿，而且职位在廉颇之上。

对此，廉颇非常不服气，扬言说："我要是遇见他，一定要羞辱他一番。"

蔺相如知道后，就有意不与廉颇会面。别人都认为蔺相如害怕廉颇，廉颇为此很得意。也有些人很不解，

筝飞太平

和合文化，是家庭和睦、社会和谐的"聚合剂"。这是杨家埠年画作品《筝飞太平图》。

问蔺相如为何会惧怕廉颇将军。

可是蔺相如却说："我哪里会怕廉将军？不过，现在秦国倒是有点怕我们赵国，这主要是因为有廉将军和我两个人在。如果我跟他互相攻击，那只能对秦国有益。我之所以避开廉将军，是以国事为重，把私人的恩怨丢到一边儿去！"

这话传到廉颇的耳朵里，他既羞愧又感动，便光着身子，背负荆杖，来到蔺相如家请罪。他羞愧地对蔺相如说："我真是一个糊涂人，想不到你能这样宽宏大量！"两个人终于结成肝胆相照的朋友。

"和合"是宽容精神的表现，是理论与理性的体现。和睦的人际关系，和谐的社会环境，对于人的生存与发展至关重要。

儒家学派创始人孔子，便是以"和"作为人文精神的核心。他的思想观念，对中国两千多年的传统文化产生过深远的影响。

中国"和合"观念的形成与发展，是与历史上的诸子百家的论述、民间传说以及中国传统文化的滋润分不开的。

战国时期，老将廉颇向蔺相如负荆请罪的故事，成为诠释"和合"精神的千古美谈。

在我国民间，广泛流传着一个"和合二仙"的美丽传说。和合二仙的外形，是两位活泼可爱、长发披肩的孩童，一位手持荷花，另一位手捧圆盒。"荷盒"，即为"和合"的意思，象征着和谐、宽容、合作的精神。因此，我国民间又将"和合二仙"奉为爱情之神。

和合二仙的原型，其实是唐代的两位高僧，一位叫寒山，另一位叫拾得。寒山是个诗僧、怪僧，曾隐居在天台山寒岩，故名"寒山"。

寒山写的诗很美，但脾性十分怪癖，常常跑到各寺庙中望空噪骂。和尚们都说他疯了，他便傻笑而去。他在国清寺曾当过厨僧，与寺中的拾得和尚一见如故，情同手足。

拾得是个苦命人，刚出世便被父母遗弃了，抛弃在荒郊。幸亏天台山的高僧丰干和尚化缘路过此处，丰干慈悲为怀，把他带至寺中抚养成人，并起名"拾得"。

"和合二仙"的传说，在我国民间流传了千百年。它蕴含着一个民族崇尚团结、追求理想的不朽精神。

后来，拾得在天台山国清寺受戒为僧。拾得受戒后，被派到厨房干杂活。当时，寒山还没有到国清寺。但拾得经常将一些残羹剩饭送给未入寺的寒山吃，他俩真可谓贫贱之交。

国清寺的丰干和尚见他俩如此要好，便让寒山进寺与拾得一起当国清寺的厨僧。从此以后，他俩朝夕相处，更加亲密无间。寒山和拾得在佛学和文学上的造诣都很深，他俩经常一起吟诗答对。后来，有人曾将他们的诗作汇编成《寒山子集》，共3卷。

这两位继丰干以后的高僧，于唐代贞观年间由天台山至苏州好利普明塔院任住持。普明塔院遂改名为闻名中外的苏州寒山寺。我国民间珍视他俩情同手足的情意，把他俩推崇为象征和睦友爱之神。从此以后，"和合二仙"名扬天下。

和合文化的宝贵之处，在于最能调和，使冲突各方兼并包容，并存共处，相互调节，互相适用。

和合文化已经成为中国传统文化的内在精神。因此，它对良好家风的传承，有着巨大的推动作用。和合精神甚至已经渗透到每个家庭的血液里。即使今天，它对构建现代化的和谐家风，仍起着无

可替代的作用。

◎夫和妻柔，家风和谐

团结、平等、和谐的家庭关系，是形成良好家风的基础。一个家庭就好像是一个社会的细胞，一个社会就好像一个器官。如果每个家庭都保持健康，那么社会就肯定健康。

可以说，在所有人际关系中，家庭成员间的关系是一种以婚姻和血液为纽带而组成的特定的社会心理关系，是一种最亲密的人际关系类型，是其他关系无法弥补和替代的。

和合文化，早已经成为中国传统文化的内在精神。这是清代苏州桃花坞年画《一团和气图》。

中国古代家庭伦理关系的主干是"父慈子孝""兄弟恭顺""夫义妻顺"，而其他家庭关系都是在这三者基础上的扩展和延伸。

那么，在这3种关系当中，哪一种关系最重要呢？

和谐美，是每个家庭都在追求的一个生活目标。夫妻关系和谐，是家庭和谐的根本。

或许，很多人会说是父子关系最重要，但没有夫妻哪有父子，没有父母何以会有孩子？所以，这个顺序应当是先有夫妻，而后才有父子。

成书于周代，且被后人誉为"群经之首"的《周易》，在追溯人类文明起源时，对家庭关系的产生及其在人类文明形成中的地位做了合理的推测，该书写道：

有天地然后有万物，有万物然后有男女，有男女然后有夫妇，有夫妇然后有父子，有父子然后有君臣，有君臣然后有上下，有上下然后礼仪有所措。

由此可见，在家庭关系与社会关系之中，夫妻关系是最靠前的。夫妻相处和谐，家庭的气氛就好。孩子在这种和谐、充满爱的家庭里成长，人格会得到健全的发展。反之，若父母时常吵架，孩子从小生活在这样的环境中，内心就会充满恐惧，会觉得自己失去了父母的关爱，从而导致父子、母子之间关系的隔阂与不和谐。

旧时，我国民间的许多地区在举行婚庆典礼时，都有供奉"和合二仙"的习俗。其实，这是一种对美满和谐婚姻的期盼与祝福。

夫妻关系和谐，是家庭和谐的首要因素。自古以来，人们就对夫妻和睦相处、构建和谐家庭提出了许多有益的思想。

南宋理学家朱熹在其家训里面指出，夫妻关系一定要和睦。夫妻关系是家庭的核心与基石。"夫之所贵者，和也；妇之所贵者，柔也。"

朱熹告诉人们，夫和妇柔是夫妻相爱的关键。所谓"和"，即当喜怒哀乐表现出来的时候，不走极端，保持心平气和的理智；所谓"柔"，即柔顺、柔和。夫和妇柔，就会相亲相爱。

西汉著名政治家、文学家贾谊在其撰写的《新书》里面，也提出了"夫和妻柔"的观点。

夫妻之间，讲究的就是丈夫和顺、妻子温柔，这是营造

这是清代的"鱼水和合"裙面。这件绣品，层次鲜明，造型圆满可爱。"鱼水和合"，象征夫妻关系恩爱和谐。

夫妻恩爱感情的基础。如果夫妻脾气暴躁，那么是无益于和谐的。

元代著名女书画家、诗人管道升，自幼聪慧，能诗善画。长大后，她嫁给了当时的大书画家赵孟頫。他俩情趣相投，心心相印。管道升尤其擅长画梅竹，笔意清绝。她曾给当时的皇太后画过多幅作品，皇太后对她的才华极为欣赏，册封她为"魏国夫人"。

后来，赵孟頫的地位升高之后，打算娶一房妾，便用言语试探管道升。为此，管道升便写了一首词回答赵孟頫："你侬我侬，忒煞情多；情多处，热似火；把一块泥，捻一个你，塑一个我。将咱两个一齐打破，用水调和；再捻一个你，再塑一个我。我泥中有你，你泥中有我；我与你生同一个衾，死同一个椁。"

赵孟頫看了之后，又羞愧又感动，从此打消了纳妾的念头。

夫妻和谐，需要以互爱为前提，相互爱慕，彼此欣赏。这是婚姻建立、稳定与和谐发展的重要基础。

南北朝时期的教育家颜之推在《颜氏家训》里面提到："夫不义则妇不顺。"这句话的意思是说，若丈夫无义，妻子也就无情，无情也就不顺从。夫妻之间应该有情有义，婚姻才能幸福长久。

元代著名艺术家赵孟頫和管道升夫妇，情趣相投，心心相印，抒写了一段浪漫而感人的爱情佳话。

南北朝时期的著名教育家颜之推认为，夫妻之间有情有义，婚姻才能幸福长久。这是北方传统年画《和合美满图》。

东汉学者梁鸿，幼时遭遇乱世，家境异常贫寒。甚至他的父亲死后，只能用草席卷上掩埋掉。梁鸿极其好学，曾考入太学。但最终因为贫困，加之他又不善于去巴结权贵，没能走上仕途。后来，他选择隐居，回到了家乡。

梁鸿是一个既有学问又有气节的人。家乡的一些财主都愿意将女儿许配给他，但都被他婉言谢绝了。当时，同县有一户姓孟的人家，其女孟光已经 30 岁了，长得很胖，且皮肤黧黑，面容也很丑。家里人给她找了不少对象，她就是不嫁。

父亲问她为什么不嫁。她回答说："我要找一个像梁鸿一样有贤德的人。"梁鸿听了非常感动，欣然表示愿意与孟光结为夫妻。

他俩结婚以后，隐居在霸陵（今陕西长安县东）的深山里面，男耕女织，吟诗弹琴，生活还算幸福。后来，梁鸿

"举案齐眉"的典故，寓意夫妻之间相互敬重、恩爱和谐。这是明代画家陈洪绶笔下的《举案齐眉图》。

有一次外出访友，途经洛阳，因为看不惯朝廷的腐败，便作诗一首，讽刺当时的朝政。

这事惹恼了官府，竟下令缉拿他。从此，梁鸿隐姓埋名，与妻子孟光来到吴地（今江苏苏州），以帮人舂米打工为生。夫妻俩住在一间破破烂烂的房子里。梁鸿每天从外面打工归来，妻子孟光已经准备好饭食，举案齐眉，送到丈夫面前。夫妻依然生活得恩恩爱爱。

当地有一个豪族皋伯通，看到这种情景之后感到非常诧异。他心里想：一个佣工居然能使妻子如此敬重，一定是个不同寻常的人物。

于是，皋伯通就请他们夫妻俩住进自己家里待为上宾。而"举案齐眉"，也就成为一段流传千古的佳话。

"举案齐眉"的典故启示我们，相互欣赏，彼此尊重，是夫妻关

系和谐的一个重要原因。现代夫妻之间，无论强和弱，都需要对方赞赏的目光和言语，甚至需要彼此的逗趣、幽默和欢爱。夫妻之间犹如山和水的关系，山清水秀，才会营造出美丽的风景。否则，山再高，水再秀，孤山寡水必定悲凉。

南朝历史学家范晔在其编撰的《后汉书》中，对夫妻关系有如下观点："夫为夫妇者，义以和亲，恩以好合；恩义俱废，夫妇离矣。"意思是说，夫妻之间，遵循道义才能和睦相亲，夫妻恩爱才能百年好合，否则夫妇之名不再，离婚也就不远了。

中国传统记忆丛书

圖説
老家風

白头翁，寓意夫妻相伴到白头；配以富贵之花海棠，寓意夫妻能拥有一世富贵美满的生活。

明末清初著名学者张履祥在其撰写的《杨园先生集》里面，对夫妻关系则有如下的言论："妇之于夫，终身攸托，甘苦同之，安危与共。"这就是说，妻子是丈夫一生的寄托，因此丈夫应该与妻子同甘共苦，共渡安危。否则，只能是"大难临头各自飞"了。古人对于婚姻伦理道德的言论，虽不是金科玉律，但它对现代夫妻构建和谐的婚姻关系还是大有裨益的。

◎ 左手周公，右手张廷玉

在中国传统文化当中，鸳鸯是"情侣"的象征，是爱情的意象。但或许很少有人会知道，最早人们是把鸳鸯比作兄

彼此相偎相依地走过人生的风风雨雨，这是人间最美丽的情缘。

弟的。

晋代诗人郑丰曾写过《答陆士龙诗》，共 4 首。其中第一首《鸳鸯》的序文说："鸳鸯，美贤也，有贤者二人，双飞东岳。"这里的鸳鸯，就是比喻晋代著名文学家、书法家陆机，以及其弟陆云的。

自唐代起，才有文人墨客用鸳鸯来比喻夫妻。由此可见，兄弟情意在人们心目中的位置有多么重要。

在今天，鸳鸯一直被人们视为情侣的象征。或许很少有人知道，鸳鸯在最早的时候是用来比喻兄弟情义的。

兄弟之间，情同手足，没有不可说的话，也没有不可做的事。既然是兄弟，就会各有各的长处，也会各有各的短处。每个人对人、对事都有自己的见解，弟不必贤于兄，兄也不必敏于弟。兄弟之间产生一点矛盾、一点隔阂也是难免的事情。

但兄弟之间不能因为一点鸡毛蒜皮的小事而反目成仇、大动干戈，兄弟之间要友爱。南宋理学家朱熹，在其家训里面特别强调说："兄之所贵者，友也；弟之所贵者，恭也。"

所谓"友"，就是要友爱，互相帮助，患难与共；"恭"，则是指尊敬与谦恭。"友"和"恭"，是兄弟姐妹间团结的根基。如果连自己的同胞手足都不友爱、不团结，谈何友爱、团结其他人呢？

《颜氏家训》里面也说过：兄弟要是不和睦，子侄

南宋理学家朱熹在教育后代时，特别指出兄弟之间应该做到兄友弟恭。只有这样，一个家庭或家族才能够和谐，并发展壮大。

就不相爱；子侄要是不相爱，族里的子侄辈就疏远不亲密；族里的子侄辈疏远不亲密，那么僮仆之间就变成仇敌了。如果真是这样，兄弟当中的某一个走在路上，即便被陌生人用脚踏在脸上、踩在身上，恐怕也难有人出手相助。

兄弟一心，其利断金。这是一个谁都不能否认的事实。

周公的哥哥是周武王，他俩都是周文王的儿子。兄弟之间非常和睦，非常团结。有一次，周武王身染重疴，病情危急。周公便悄悄地写了一篇祈

孔融让梨的故事流传了千百年，成为兄弟和睦、谦让的榜样。这是民国时期的石印年画《孔融让梨图》。

文，在先王的灵位前宣读发誓："舍我的寿命转给我的兄长吧，让他能继续安定天下。"

宣誓完毕，他就把这卷祈文放在他们祭祀祖宗的大庙里。过了没多久，周武王的病情竟奇迹般地痊愈了。

周武王去世后，他的儿子周成王即位。当时周成王年纪尚幼，周公辅佐周成王，并教导他治理国家的经验与道理。在周公的辅佐之下，天下被治理得一片太平。

这时候，一些别有用心的人开始造谣，说周公想篡位。周公听到这些谣言之后，为了不让侄子为难，便主动辞职，并过起了隐居生活。

有一天，周成王在出行的时候，原本晴朗的天气，突然间雷电交加。他隐约感觉自己好像有一些做法不对，上苍才会有这些异象产生。

于是，周成王就到太庙去祭祀，然后发现了周公的那篇祈文，把它打开来看。他看到周公为了祈求自己的兄长武王能够延寿，句句都写得情真意切。

周成王看了之后，内心非常愧疚：这么好的叔父，我竟然让他到偏远的地方去，真是不孝。

于是，周成王亲自去把周公请了回来，让周公制礼作乐，使周朝逐渐兴盛起来。

周公这种对兄长的诚心，不仅让他的兄长能够延寿，他这份"兄友弟恭"的精神，还传承给了下一代。

清代儿童启蒙读物《弟子规》中说："兄弟睦，孝在

周朝以孝悌治天下，周公更是"兄友弟恭"精神的践行者，并传承给了下一代。因此，周朝的江山绵延了800多年。

中。"这就是说，若兄弟姐妹之间能和睦、没有争执，就不会让父母操心，整个家庭就会其乐融融。所以说，子女和睦，也是对父母的孝顺。

兄弟之间应该同甘共苦，患难与共。当然，在社会上也有的兄弟，只能有福同享，不能有难同当。不用说有难，只要有一点点麻烦，就想方设法避开，生怕自己卷入其中。这样的兄弟，不是真正的兄弟。

一个家庭存在于社会当中，离不开与别人交往。中国传统文化非常注重以道德和伦理调节人与人之间的关系，其中包括邻里关系。

折箭教子，是流传在蒙古族的一个故事。睿智的母亲叮嘱孩子们说："单箭容易折，孤树不挡风；兄弟能齐心，力量大无穷！"

古人认为，邻居是六大亲系之一，所以又称"邻亲"。处得好的邻居，也像自己的亲人一样。

邻里和睦，关键是不能相争，要能相让。不要因为一些鸡毛蒜皮的小事而与邻居吵个你死我活。一个家庭的对外处事态度，将直接表

俗话说："远亲不如近邻。"邻居关系处得好，就像亲人一样。清朝宰相张廷玉的礼让精神，值得今天的每一个人学习。

现出这个家庭的家风面貌。

清朝宰相张廷玉与一位姓叶的侍郎都是安徽桐城人。两家比邻而居，都要建造房子。为争地皮，两家发生了争执。

张老夫人便找人捎书到北京，要张宰相出面进行干预。没想到的是，张宰相看罢信件之后，立即作诗劝导老夫人："千里捎书只为墙，再让三尺又何妨？万里长城今犹在，不见当年秦始皇。"

张老夫人见书明理，立即主动让家人把墙往后退了3尺。叶家见此情景，深感惭愧，也马上把墙让后3尺。这样，张、叶两家的院墙之间，就形成了一条6尺宽的巷道，成为有名的"六尺巷"。

这个故事说明，邻里之间要相互谦让、相互谅解，退一步，海阔天空。倘若都能够做到这样，也就没有处理不好的邻里关系了。

因此，一个人无论在家庭和社会上，做事要以道义为衡量的原则，有仁爱之心，能够设身处地地替别人着想。这是一个人德行修养的体现，也是善化他人，播种善因，使家庭和社会拥有和睦温暖的人伦关系的基础。

只有让"和合"的家风吹向社会的每个角落，社会才会变得更加温暖和谐！

第七章
诗礼传家，家风浩然

家风，是一个家庭或家族最为重要的、无以替代的精神财富。它弥漫于整个家庭或家族之中，影响到每一个家庭成员，也惠泽于家庭的每一个成员。

家风，也是一个家庭或家族的魂魄所在，支撑着家庭的进步与发展。良好的家风，可以塑造人的高尚品格，培养高雅的举止，成为人人向往的道德典范。

因此，中国古人在谨守家风的同时，非常注重对子女德性的培养。"重德修身"，几乎成为家庭教育的核心内容。

孔子教子学诗学礼，历来传为美谈。因此，在过去很多文化家庭的厅堂里都挂着"诗礼传家"的匾额。

◎古代"母仪"的光辉业绩

有着良好家风的家庭，他们的子女们能够及早明白许多做人做事的道理，明白自己的责任与使命。他们懂得敬畏，懂得珍惜光阴，趁早好好读书。

在中国传统社会中，家庭教育的好坏，极大地影响甚至决定着这个家庭的兴衰，因而家庭教育受到高度重视。幼儿教育是个人成长的基础，而在古代幼儿教育主要是通过家庭教导来进行的。

戏文年画《三娘教子》中的王春娥，矢志不改嫁，抚养幼儿。后来，她的儿子高中状元，她也因此享受极大的尊荣。

古时候，孩子们入学要比现在晚。西汉学者戴圣在其编纂的《礼记》中说："人生十年曰幼，学。"东汉经学大师郑玄对此的解释是："名曰幼，时始可学也。"意即10岁才是入学的时间，10岁前为幼，属学龄前，以家庭教导为主。

这个阶段的孩子，虽然理解力有限，但模仿力却很强。因此，这个阶段对孩子的日后成长十分关键。正如俗语所说的："三岁看大，七岁看老。"古人对孩子这个阶段的家庭教育，提出了许多具体的意见，留下了许多宝贵的财富。

这幅清代末期的高密扑灰年画《母子夺魁图》，子女们事业的成功离不开母亲悉心的教育。

早在春秋时期，孔子就提出过"少年若成性，习惯成自然"的见解，指出了早期教育所形成的良好品德和习惯，对孩子终生的影响是至关重要的。

西汉礼学家戴德在其编选的《大德礼记》中，也提出教育子女要从"赤子"时开始的观点。因为孩子幼年时，心灵单纯，未受世俗恶习的污染，容易教化。

南北朝时期的著名家庭教育家颜之推则进一步指出，在孩子能够分辨脸色，懂得人的喜怒之后，就应该加以教育、引导，做到"使为则为，使止则止"，养成良好的行为、道德习惯。

他还提出了"教妇初来，教儿婴孩"的明确主张，并从理论上指出：孩子幼小时，精力集中，记忆力强，学来的知识往往终身难忘；而年长以后，接触的事物多了，注意力就容易分散，知识不牢固，也容易遗忘。因此，对每个人都应该抓紧幼年这个大好时光，努力学习。

勤劳贤惠的母亲，不仅是孩子们读书识字的启蒙老师，而且还及早教授他们生产劳动的技巧。这是清代画家笔下的《教子采桑图》。

在我国古代家庭幼儿教育中，母亲在教育子女中的地位与作用是极为显著的。在我国古代历史上，曾出现许多成功教子的模范母亲。

在古代儿童启蒙读物《三字经》里面，有"昔孟母，择邻处；子不学，断机杼"的名句。讲的就是孟母"三迁择邻""断机教子"的脍炙人口的故事。千百年来，它们已经成为中国人妇孺皆知的历史佳话，成为天下母亲教育子女的样板故事。

与孟母一样，东晋名将陶侃的母亲湛氏也曾借助纺织教儿珍惜光阴，用功读书。陶侃出生时，正值时局混乱，陶家的家道因战乱而没落。不久，他的父亲也病故了，从此，生活的重担全部落在湛氏肩上。失夫之痛与家道的没落，并没有使这位年轻柔弱的女子却步。她带着重孝将丈夫的灵柩运回鄱阳老家安葬，然后挑起了培养和教育儿子的重担。

因为湛氏小时候受过一点启蒙教育，是个有少许文化的女子。她深知读书的重要，因而省吃俭用，以自己纺纱织布的微薄收入供儿子读书。可是，陶侃生性贪玩，读书不用心，这可急坏了母亲湛氏。

有一天，外面下起了大雨。因为家中没有蓑衣和斗笠，陶侃没法去上学，便蹲在母亲的织布机旁玩耍。他眼睛盯着穿来穿去的梭

子，感到十分好奇。

湛氏见状，灵机一动，便停下了织布机。她把小陶侃拉到身边，轻声细语地问道："侃儿，老师都教你什么课文了？"

陶侃说老师刚教读《贤文》，湛氏就让儿子背出来。

陶侃便稚声嫩语地背诵

东晋的陶侃自幼丧父，在母亲悉心、严格的教导之下，长大后成为了一位为国家立下汗马功劳的名将。

起来。当背到"光阴似箭，日月如梭"时，湛氏叫陶侃停下，让他解释一下意思。可是，他想了半天，结结巴巴地说不出个所以然来。

于是，湛氏便重新启动织布机，指着那些飞速运行的机梭，对陶侃说："你刚才背的那两句诗的意思就是说，日子一天一天很快地过去，犹如穿梭一样。如果你不珍惜时间学习，一生很快就过去了。"

小陶侃恍然明白了母亲的用意，惭愧地低下了头。从此，他发奋苦读，结果不负母望，一举成才。

为官以后，陶侃亦常常告诫部下："大禹圣人，乃惜寸阴，至于众人，当惜分阴。"

此外，唐代诗人元稹之母从不体罚子女的佳话，宋朝欧阳修的母亲画荻教子识字的故事等，都为世人所称颂。她们重视子女教育，且教子有方，因此被后世誉为"母仪"。

母亲的言行，将对子女产生巨大的影响。因此，我国古代那些经历过良好家风熏陶的母亲，都非常注意在子女面前的言行举止。

欧阳修4岁丧父，因家境贫困，买不起纸笔，母亲便以荻草秆代笔，以地代纸，教儿子识字。这就是历史有名的"画荻教子"的故事。

中国传统记忆丛书

圖説老家風

◎古代名人的家教智慧

古代启蒙读物《三字经》里面有几句话说得好："养不教，父之过""玉不琢，不成器"。在子女成长的道路上，父亲起着关键性的教育和引导作用。

在南宋理学家朱熹与其弟子刘清之合编的古代儿童启蒙读物《小学》里面，记载了春秋卫国大夫石腊向卫王贡献"义方"教子的事情。

这是清末时期，北方民间过年时贴在门上的"状元及第"门神，表达了百姓们期望子孙有所成就的美好愿望。

当时，石腊是这样劝谏卫王的，他说：你既然爱你的孩子，就一定要好好地教育他，使他成人。如果只知爱孩子而不知道教育他，就谈不上真正地爱护孩子，就会使他长大后酿成祸乱，甚至使国家遭致灭亡。

石腊所说的教子"义方"，指的就是一个人做人处事的优良品质和道德修养。也就是说，父母一定要按照做人的正道去教育子女，从小培养子女良好的道德品质和行为习惯。石腊还特别强调，父母对子女不应该宠爱过度，用利禄富贵去引诱子女。这样做的结果，必然会戕害子女们的思想。这是非常不正确的，时至今日仍值得我们引以为戒。

南北朝教育家颜之推在谈及

《教五子图》讲述的是五代时期，燕山人窦禹钧教子的故事。他教育儿子很有方法，5个儿子都很有成就，同时科举成名。

"无教而有爱"的后果时，指出孩子年幼时，父母若一味放纵溺爱他，让他为所欲为，鼓励他的粗暴行为，应该制止的恶劣举动不加制止，反而一笑处之，那么，等他坏习惯养成之后，即使愤怒地鞭打他，也不会起到什么作用，最终会使他们成为道德败坏的人。

教子，才是真正的爱子，否则便是溺爱。明末清初教育家张履祥也指出："勿以幼小而宽之。"其意思是说，不可

东晋著名书法家王羲之，有"书圣"之美誉。王羲之教子有方，在他的严格教育之下，其子王献之也成为了著名的书法家。

以因为孩子年龄小而对他所犯的错误不加追究。

南宋大儒朱熹在《家训》中说："有德者，虽年下于我，我必尊之；不肖者，虽年高于我，我必远之。"这句话的意思是说，有德的人虽然年龄比我小，我也会尊敬他；不肖的人，虽然年龄比我大，我也必定疏远他。

由此可知，朱熹对道德的重视程度之高。在朱熹看来，重视道德修身就同于"衣服之于身体，饮食之于口腹，不可一日无也，不可不慎哉"。

中国传统家庭，极为重视家风的传承。治家教子，是一个永久的主题。这是南方旧时官宦之家照壁上的教子砖雕图案。

在中国传统家庭里，道德教育是传承优良家风的"常备课"。南北朝教育家颜之推认为，道德教育不是一蹴而就的，而是一个不断反复、不断加深的过程。《颜氏家训》中举例说："王大司马母魏夫人，性甚严正。王在湓城时，为三千人将，年逾四十，少不如

意，犹捶挞之，故能成其功业。"

孩子长大成人，远离父母，甚至已经成长为三千人的将领，年龄也过40岁了，但这些并不意味着家庭道德教育的结束，父母对他们仍有教育的义务。家庭教育的这种反复性、过程性，说明了家庭教育不可能一劳永逸。只有经常不断地进行，才能最终"成其功业"。

道德品质的形成，是一个由多次行为积累之后而日渐完善的过程。因此，道德教育不应该局限于家庭教育或学校教育的某些阶段，而应该贯穿道德品质形成的全过程。

我国历代的政治家、思想家和教育家，都十分强调家长以身作则的重要性。在我国古代第一部诗歌总集《诗经》里面，就有这样的记载："刑于寡妻，至于兄弟，以御于家邦。"意思是说，丈夫给妻子做出好榜样，再推广到兄弟，进而就可以治理好一家、一方，那么整个国家也就能治理好了。

西汉学者戴圣编纂的《礼记》中提出："身不修，不可以齐家。"意思是说，作为家长首先要按照社会的道德规范修养自己的身心，然后才能以身作则，用自己良好的思想品德和言行影响子女，教育好后代。

可见，在古人的眼里，家长的道德修养，家长的示范作用，对上关系到统治者政权的稳固和社会的长治久安，对下关系到子女的健康成长，是十分重要的。

北宋司马光虽然官居高位，但他的生活却十分俭朴。而他教子的核心思想，也是围绕着"俭朴"二字。当他看到儿子在读书时用指甲抓书页，便耐心教导他要

南宋著名爱国诗人陆游，教育子女要勤奋读书，正直无私。在他的严格督导之下，几个子女都成为了远近闻名的贤德之士。

爱护图书。为了避免儿子染上好逸恶劳的坏习气，他训诫儿子："食丰而生奢，阔盛而生侈""由俭入奢易，由奢入俭难"，深刻提醒他们要以俭朴为美，切不可奢侈腐化。在司马光的教诲之下，其子司马康从小便俭朴自律，勤奋好学，后来成为一个对国家有用的栋梁之才。

南宋杰出的诗人陆游，刚正不阿，心系百姓。因不愿谄媚权贵，而屡遭贬谪。他有六子一女，他非常重视对子女们品德的教育。他告诫孩子们说："但愿你们长大成人之后，乡亲们能称赞你们是有道德的人。这样即使做一个老百姓，跟那些高官显贵相比，也是问心无愧的。"

他教育子女要知书达理，在《五更读书示子》中写道：你们现在正是读书的好时候，要刻苦攻读，莫失良机。读书最要紧的是学以致用，要切实做到"善言座铭要躬行""字字微言要力行"。学习古人的高风亮节，不媚权贵，正直无私，时刻想着报效祖国。

他还告诉孩子们："汝果欲学诗，功夫在诗外。"即学作文，先要学会做人。要注重修身，时常检查自己，有错必改。看到别人有好的行为，要主动自觉学习，不要与那些华而不实的人结交在一起。

在陆游的悉心教导之下，他的子女后来都成为远近闻名的贤德之士。

中国人最重家，从来都是把家庭教育视为人生安身立命的根本。《三字经》里说："养不教，父之过；教不严，师之惰。"这说明教与不教，是父母的责任；教的程度如何，才是老师的责任。

推而广之，父母对子女、长辈对后辈，都具有不可推卸的教育责任。这就是中国人所笃信的教育理念，也是家风、家训、家书等家教文化载

蜀汉丞相诸葛亮，廉洁奉公，鞠躬尽瘁。他教育子孙要淡泊名利，立志报效国家。

中国传统记忆丛书

圖说
老家風

传统家庭，讲究家风的传承。这幅清末版《父子同朝》年画，含有人才辈出、代代传承的吉祥寓意。

体，在中国古代得以昌盛的最主要原因。

古往今来，很多名人政要都会选择以书信的形式来教育子女。比如，蜀汉丞相诸葛亮在《诫子书》中写道："夫君子之行，静以修身，俭以养德，非淡泊无以明志，非宁静无以致远。"在诸葛亮的教诲之下，他的子女都淡泊名利，忠心报国，为国家社稷做出了贡献。

在古代，那些有远见的家庭，都相当重视家庭教育，都有严格的家训。他们都期望后代能够成才，以维系良好的家风，延续家族的良性发展。

古代家庭教育，对促进社会和谐、弘扬美德、传承良好的家风，起到了非常关键的作用。虽然这种教育模式在现代人看来带有"封建家长制"的色彩，但是我们需要理解古人设计的这种家庭教育模式。

古人的高明之处，在于他们把适应各种社会秩序及社会角色所需要的素质教育，转移和分解到每个家庭来进行，并在全社会建立起一个家家有责、人人践行，且代代相传的广泛而长效的社会教化机制。

在古代的社会环境中，这是一种非常有成效的教育措施。它对中华民族的文明传承，做出了不可磨灭的贡献。

第八章
诚信家风，兴旺之道

诚信，是一个人为人处世的根本。一个人若丢失了诚信的品德，就很难在社会上有所作为。

诚信厚道，是一个人立身处世的根本，是良好家风的核心之一。俗话说："大丈夫一言既出，驷马难追。"说的就是做人要诚实无欺。

儒家学派创始人孔子说过："人而无信，不知其可也。"意思是说，人假如没有信用，真不知道他的人生还能做出些什么事来。西汉名臣苏武也说过："天不容伪。"可见，诚信是人赖以生存的灵魂。

诚信忠厚的家风，就像一棵枝叶如盖的千年大树，子子孙孙都在它的荫蔽之下。勤奋好学，言必行，行必果，尊老爱幼，事业有成。

◎古代名家论"诚信"

诚信，是我国公民的基本道德规范，也是我国传统文化的精髓。夏、商、周三代的先哲们，对诚信的论述已经为数不少，并可看出他们非常重视诚信的人格塑造。

春秋时期老子在其撰写的《道德经》中说："信言不美，美言不信。"意思是说，诚信的话不见得好听，好听的话不见得诚信。先秦墨家学派的著作总集《墨子》中讲："言必信，行必果，使言行之合，犹符节也。"这句话的意思是，说出的话就要做到，做了就不要半途而废，使言行一致就如同符节那样的信物一般。

儒家经典著作《孟子》中也说过："诚者，天之道也；思诚之，人之道也。"意思是说，诚信是客观世界的要求；如何认识和实践诚信，是每一个人所言所行的正道。战国末期思想家荀况在《荀子》中讲："君子养心莫善于诚。"荀子是在告诉我们，有高尚道德的人欲进一步提高思想品格，最根本之点就是在诚信上下功夫。

老子在其著作《道德经》里面，提出了"信言不美，美言不信"的观点。这是广东石湾陶艺的老子塑像。

在中国古代，"诚"与"信"单用的时候较多、较早，连用的时候则较少、较晚。

荀子是最先将"诚"与"信"连用的古代思想家之一，他说："诚信生神，夸诞生惑。"他所表达的意思是，诚实守信可以产生神奇的社会效果，相反，虚夸妄诞则会产生社会混乱。

《旧唐书》中，有这样一段记载：唐太宗于贞观六年"亲录囚徒，归死罪者三百九十人于家，令明年秋末就刑刑。其后应期毕至。诏悉原之。"

荀子和《新唐书》中所提到的"诚信"，即诚实信用，均指人际关系中的诚实不欺。

春秋战国时期，秦国的商鞅

在中国传统文化中，鼎既是国家的宝器，又是诚信的象征。这是商代的方鼎。

在秦孝公的支持下主持变法。当时正处于战争频繁、人心惶惶之际，变法实施非常艰难。

为了树立威信，推进改革，商鞅下令在都城南门外立起一根三丈高的木头，并当众许下诺言：谁能把这根木头搬到北门，赏金10两。围观的人不相信有如此轻而易举的事情，能够得到如此高的赏赐，结果没人肯出手一试。

于是，商鞅将赏金提高到了50两。重赏之下必有勇夫，终于有人站了出来，将木头扛到了北门。商鞅当即赏给他50两金子。

秦国的商鞅为了实施变法，以诚信之举在百姓中赢得了信誉，从而保证了改革的顺利进行。

商鞅的这一举动，在百姓的心中顿时树立起了威信。而商鞅接下来的变法，很快在秦国推广开来。新法使秦国逐渐强盛起来，秦国最终统一了中国。

春秋时期著名政治家、先秦法家创始人管仲曾明确说过："诚信者，天下之结也。"他认为诚信是集结人心、天下团结一致的保证。

在中国最早的一部国别体著作《国语》里面，则记载了一个"箕郑对文公问"的故事，更为有趣。

当时，晋国闹饥荒，晋文公向箕郑询问："眼下如何救灾呢？"

箕郑却回答说："讲诚信。"

晋文公十分不解地问道："那该怎么讲诚信呢？"

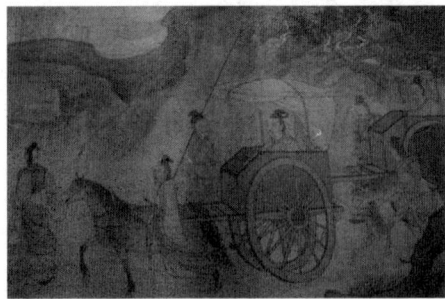

晋文公以诚信作为治国的宗旨，从而使国家逐渐富强起来，为以后雄霸天下打下了坚实的基础。这是宋代画家李唐的《晋文公复国图》（局部）。

箕郑回答说："君心要讲诚信，官位名分要讲诚信，法令要讲诚信，办事要讲诚信。"

晋文公继续问道："讲诚信将会怎样呢？"

箕郑接着回答："君心诚信，善恶就分明；名分诚信，上下级就互不干犯；法令诚信，就时时会成功；办事讲诚信，百姓都可以就业。于是，百姓了解君王的心，贫穷的也不感

无论何时，诚信的花朵都永远散发着令人着迷的芳香。

到害怕，富裕的奉献自己的财物如同往自己家拿一样痛快，这样还有什么饥荒解决不了呢？"

听了之后，晋文公心悦诚服，并拜箕郑为大夫。之后，晋文公按照箕郑的建议，围绕着"诚信""义""礼"做了 3 件大事。晋国的灾荒很快得以缓解，国力也逐渐强盛。这为以后成功地击败曹国、卫国，跟楚国一起称霸天下，打下了坚实的基础。

箕郑对诚信的分析，可谓入木三分。无论治国还是治家，都不能缺失了诚信。尤其是在社会活动和人际交往中，诚信是一个人成功发展、赢得良好人缘的重要保证。

◎诚信楷模，光照千秋

从古至今，人们都愿意与诚信的人交往，君子都有诚信为人的品格。而那些背信弃义的人，只能被视为小人。在这个世上，恐怕没有谁愿意主动与小人交往。

儒家经典著作《论语》中说："友直，友谅，友多闻，益矣。"意思是说，一个人若与正直的人交友，与真诚的人交友，与见闻广博的人交友，这便是极大的益处了。

秦代末年，有个名叫季布的人，一向说话算数，信誉度非常高，许多人都跟他建立起了深厚的友情。当时甚至流传着这样的谚语：

诚信为人，是君子不可缺失的品德。在中国传统文化里面，人们将梅兰竹菊喻为"四君子"，象征着君子的美德。

"得黄金千金，不如得季布一诺。"后来，季布因为得罪了汉高祖刘邦，被重金悬赏缉拿。结果，他的那些故友不仅不被重金所惑，而且冒着被诛灭九族的危险来保护他，从而使他免遭祸殃。

　　一个诚实守信的人，自然能获得大家的尊重与友谊，能够得到别人更多的帮助。反过来，如果贪图一时的安逸或小便宜，而失信于朋友，虽然从表面上来看是得到了"实惠"，但为了这点实惠，却毁了自己的声誉，而声誉相比于物质是非常重要的。所以，失信于朋友，无异于丢了西瓜捡了芝麻，是得不偿失的。

　　中国传统家庭或家族的振兴与发达，离不开引领家庭或家族走向成功的先辈们所创立的优良家风。优良家风的形成，往往要经历一代甚至几代人的沉淀与努力，它总结了前世中无数家庭或家族的得失以及经验。

　　而诚信敦厚的家风，则是人人都崇尚、家家都向往的目标之一。这也是一个家庭或家族走向显赫和长盛不衰、兴旺发达的根本。

　　清代儿童启蒙读物《弟子规》中说："凡出言，信为先。"这就是要求一个人

春秋时期的外交家季札，可谓诚信的化身。"季札挂剑"的故事，一直流传至今。这是汉代画像石"季札挂剑"（中间图案为"二桃杀三士"）。

要言而有信，对自己说出来的话，绝对要认真去履行。

在以道德作为社会主要规范的古代人眼里，诚信的价值尤为重要。父母、兄弟、朋友之间一定要讲诚信。如果一个人随便答应了别人，后来又反悔，那他在别人心目中的地位就会下降，所以做人处事要言出必行。

千百年来流传下来的"曾子杀猪"和"孟母买肉"的故事，典型地说明了这一原则的作用和重要性。

曾子，即曾参，是孔子的得意弟子，被后世誉为"宗圣"。曾子是一个非常讲诚信的人，他做事从来都是言必行，行必果。

有一次，曾子的妻子要去集市上赶集，孩子哭闹着要跟着去。曾子的妻子便哄孩子说："你在家等着，我回来给你杀猪吃。"

"曾子杀猪"的故事，是诚信文化的生动体现。曾子既是一位教育的先贤，又是一位诚信的践行者。

曾子的妻子赶完集后回到家里，曾子正准备杀猪。她赶紧制止说："你怎么要杀猪哇？"

曾子说："你不是说回来之后给孩子杀猪吗？"

曾子的妻子解释说："我那不过是一句玩笑话罢了！"

曾子却严肃地说："对小孩怎么能开玩笑呢？他们没有知识，父母是他们学习的榜样，他们时时听从父母的教育。现在你哄孩子，其实就是对他们的欺骗。做母亲的欺骗儿子，儿子就会不相信他的母亲，这不是教育孩子的办法。"

于是，曾子就将猪杀掉了，烧肉给儿子吃。

战国时期大思想家孟子的母亲，也是一位把诚信品德看得很重的贤母。有一次，小孟轲看到邻居家正在杀猪，便问母亲邻家为何杀猪。

孟母便跟儿子说了一句玩笑话："想给你吃呀。"

说完这句话，她马上后悔了。她首先想到自己怀子时谨慎而认

自古至今，教导孩子诚实守信一直是家庭教育中十分重要的一个方面。这是唐代佚名画家笔下的《教子图》（局部）。

真胎教的情景，想到对儿子的殷切期望。继而，她意识到现在孩子已经懂事了，因此自己的一句玩笑话实质上是在欺骗孩子，而欺骗孩子就等于教孩子不守信用、说谎骗人。于是，孟母为了纠正错误，便从邻家买来猪肉给儿子吃。

这两则在古代家庭教育史上家喻户晓的故事，通俗而深刻地阐明了父母一旦有所承诺，就一定要守信兑现的道理。同时也指出了，只有父母不说假话、不办假事，孩子从小才能养成诚实、正直的道德品质，长大以后才能取信于人。反之，父母欺骗不实，子女也自然要跟着效法，养成欺诈的恶习，长大以后就很难纠正了。

◎ 商业起源与古代商道

一个国家不讲诚信不知其国，一个家庭不讲诚信不知其家，一个人不讲诚信不知其人。战国时期著名的思想家子思说得非常好："为天下至诚，国家将兴。"

几千年来，诚信作为中国传统道德重要规范之一，对传统中国的社会方方面面，诸如经济上的经营之道，政治上为政之道及伦理道德的养成之道等都产

诚信，是中国传统道德的主要规范之一。对于商业发展来说，只有诚信经营，才是获取利润的真正的摇钱树。

生了深远的影响。诚信，是中国古代经济伦理思想的重要组成部分。

经济上的诚信，在中国古代有着深厚的社会和思想基础。同时，这一思想对促进中国古代商品经济的发展，规范市场交易行为起到了重要的作用。

中国商业的历史非常悠久，早在商代之前的部落社会，其商业贸易已经十分活跃。据史料考证，商人（或商业）的"商"，最初就是一个原始部落的名字。其部落位于今河南商丘的南部地区，其部落始祖名叫"契"。因契跟随大禹治水有功，被封于此。

商朝灭亡之后，其遗民深受始祖王亥的影响，仍保持着浓厚的经商兴趣。其他部族将商人所世传的行业称为"商业"。

契的第十代孙，名叫王亥（生活于公元前 16 世纪）。王亥从事牧业，却擅长经商。据《山海经》等古代典籍记载，王亥发明了牛车，亲自驾驭，拉着货物来往于部落间做生意。后来，王亥一直受到商朝的尊崇。

公元前 1551 年，王亥的第四代孙汤灭了夏朝之后，将都城迁到殷。故而，"商朝"又称"殷朝"，而商人仍自称为"商"。

后来，商朝被周所灭，商朝的遗民便流落各地。而让人非常惊异的是，商朝遗民无论原先的贵族还是平民，他们对祖传的贩运业都保持着浓厚的兴趣，并且传承光大。为此，周朝的其他部

范蠡以诚信广交天下商客，致富后却散尽家财，惠泽百姓。因此，在先秦时期他就为商道文化树立起了仁义诚信的典范。

族便将商部族所世传的行业称为"商业"。

古代商道之法，讲究的是"德为先，信为本，善为果"。

被尊为中华商祖的陶朱公（范蠡），在先秦时代就已经为商道文化树立起了仁义诚信的典范。

社会的繁荣与发展，离不开商业的贡献。而商业的持续发展，则是以诚信经营来作为基础保证的。

范蠡集老子、孔子、孙子的思想之大成，在政治、经济、哲学、军事、外交等诸多重大领域均有建树。

范蠡在帮助越王勾践灭吴复国之后，功成身退。辞官先到了齐国，并婉拒了齐王的宰相之聘，在齐国的海边围垦种田，以粮为纲。后又散尽家财，惠泽百姓，迁徙至山东陶邑，再次经营致富。

陶朱公的经营之道是：心存苍生，以诚信广交天下商客，以财富造福一方百姓。他的善行义举，赢得了世间美名，更招来了滚滚财源，使其成为中国历史上最早的商业富豪。

所以，"兴义立信，以仁为善"，应该是商人所信奉的商道精神。这也是衡量一个商人是否成功的标准之一。

◎诚信，晋商的精神之魂

商帮在商业往来中，都把"诚信至上"作为自己的经营宗旨。

在明、清之际，中国社会引发了一场"商业革命"。在这场"革命"中，相继崛起了十大商帮，即山西商帮、徽州商帮、陕西商帮、山东商帮、八闽商帮（福建商帮、潮汕商帮，广义包括台湾、新加坡等闽语民系）、洞庭商帮、广东商帮（广府、客家）、江右商帮、龙游商帮和宁波商帮。其中晋商、徽商、潮商是势力最大、影响最远的三大商帮。

商帮在商业往来中起到了很大的作用，有效地整合了商业资源。毕竟个体资源是有限的，想获得更大的发展，就需要有更多的资源。大家都有这个需求，组合起来，作为互助形式，便形成了内部的行业规则。

一杆诚信秤，称出了世间的人情冷暖，也称出了晋商的繁荣之道。

商帮的诚信，就是建立在利益的基础之上的。做生意，从事商业活动，就是与人打交道。你不讲诚信，骗别人一次，别人就永远不会再相信你，不与你来往。而且，你骗别人，别人也会骗你。没有诚信，就没有交易，这点道理谁都明白。

每个商帮，甚至没有商帮的商人，都把诚信作为立身之本。基于这种认识，各个商帮都把中国传统文化中的诚信作为自己的商业伦理道德，都把"诚信至上"作为自己经营的格言。当时，最典型的诚信模范莫过于晋商了。

在明代，因为蒙古族不断侵扰，北部驻兵增加，粮饷缺乏。于是，明政府便实行了"开中法"。

所谓的"开中法"，就是明政府鼓

关公的忠义精神，被晋商奉为诚信的榜样加以崇拜。这是民间木雕艺人采用黄杨木雕刻的关公塑像。

励商人到西北部投资经商，并给予一定的优惠政策。比如给商人颁发粮食、食盐专卖的执照，鼓励商人把粮食和食盐贩运到晋北边防地区。

山西人利用自己靠近边防的有利条件，捷足先登，以当时的盐业集散地扬州为中心，不仅向晋北边防输盐输粮，而且还向全国市场进军。因此，晋商与当时势头正盛的徽商展开了激烈的竞争。晋商借助自己得天独厚的地理优势和雄厚的实力，到了明代末期，即成为中国当时最大的商业集团，并在整个清代长盛不衰。

祁县富贾乔致庸，被视为晋商的精神领袖之一。他坚守的经商之道，始终都是以守信、讲义为宗旨。

晋商的诚信，主要表现在对外和对内两个方面：对外，即对贸易伙伴和顾客的诚信。晋商对诚信的重视，从其经商箴言里面可窥其一斑，如："宁叫赔折腰，不让客吃亏""售货无诀窍，信誉第一条""秤平、斗平、尺满足"，等等。许多晋商老店、大店，都在店堂悬挂着"货真价实"和"童叟无欺"的条幅。而且大多数的商家也都谨遵这些信条，诚信对待顾客。

明代末期，晋商利用实行汇票的机会，首先建立起了"票号"（相当于现在的银行）。这是旧时票号的柜房，是对外营业的主要场所。

对内，则是掌柜对东家、员工与企业之间的诚信。东家对掌柜"疑人不用，用人不疑"，充分放权。掌柜与员工对东家则是"受人之托，忠人之事"。晋商把关公作为诚信的榜样，倡导关公崇拜，其目的也是为了弘扬仁义诚信的精神。

祁县富商乔致庸把经商之道排列为：一是守信，二是讲义，三才是取利。正是这种诚信的品格，保证了晋商的成功与繁荣。

这是晋商票号的号规。对于这些号规，每一处票号都必须严格执行。正是这种诚信的经营作风，保证了晋商的繁荣与发展。

在晋商的诸多事例中，祁县乔家换油事件最令人津津乐道。乔家在包头经营的"复盛号"油坊，运送胡麻油回山西销售。经手伙计为厚利，在油中掺假。掌柜发现之后，即另行换装，并收回售出的掺假油或补其差额。经济上虽然一时受了点损失，却招得近悦远来。

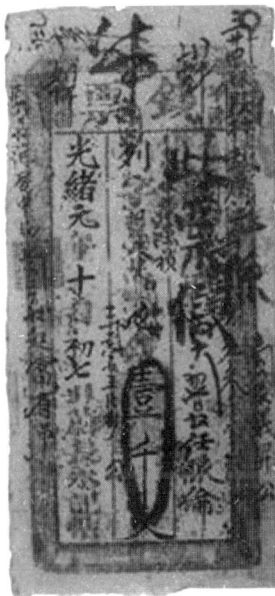

这是清朝光绪年间，晋商票号用以通兑银两的汇票。为了防止有不法之人伪造，汇票上面都标有票号自行设计的"密押"。

明代编写的儒家儿童启蒙读物《增广贤文》中说："人而无信，百事皆虚。"这句话就是告诫世人，做人要讲诚信，如果不讲诚信，就得不到别人的信任，什么事都做不成。晋商对这个道理，有着非常深刻的领悟。

明代末期，晋商利用实行汇票的机会，率先建立起了"票号"，将商业资本与金融资本相结合，在清代达到了鼎盛。

当时，政府并没有银行票号的立法。票号为客户汇兑银两，客户把真金白银交给票号，得到的是一张银票。在《大清律》里面，并没有保证银票可以兑现的法律。客户愿意把真金白银交给票号，完全出于对票号的信任。票号，则以"见票即付"保证自己的信誉。1900年前后，是晋商票号业的鼎盛时期。

对于晋商票号的信誉，清朝的《续文献通考》中是这样评价的："山右钜商，所立票号，法至精密，人尤敦朴，信用显著。"

上海汇丰银行对晋商票号的信誉评价更高：本行25年来，与山西商人做了几亿两的巨额交易，没有遇见一个骗人的中国人！

由此可知，晋商票号之所以能够"分庄遍于全国，名誉著于全球"的根本原因了。

晋商的诚信，还体现在不因顾客年迈或幼弱而坑蒙拐骗，而是一视同仁。《增广贤文》中说："心口如一，童叟无欺。"这也是晋商繁荣的原因之一。

清朝末年，山西平遥城内有个乞讨了几十年的老太太，一天竟拿着一张1200两的银票，到"日升昌"要兑现白银。这张汇票历时30余年，"日升昌"经过查验确定无误后，立即将本息全额兑付。

原来，这位老太太年轻时，丈夫在张家口做皮货生意，赚钱后办成汇票藏在身上。在返家的途中，他却不幸染病身亡。几十年后，老太太在收拾丈夫留下的唯一遗物，一件旧夹袄的时候，无意中发现了这张汇票。通过这件事情，"日升昌"诚信为本、童叟无欺的声名大振，发展成为晋商的佼佼者。

诚信，是晋商的精神之魂。坚持重信守约、有诺必践，以信用为上，取信于人，宁愿赔钱也不做玷污招牌的买卖。晋商以诚实守信为商业精神，以雄厚资本为物质基础，创造出了令世人瞩目的商业辉煌。

西汉戴圣编纂的《礼记》中说："君子诚之为贵。"

诚信，是有高尚道德水准的人最宝贵的品格。在家庭和社会生活中，人们言必行，行必果，

晋商票号以"见票即付"的重信守约精神，赢得了全国的赞誉，在当时可谓名副其实的"汇通天下"。

视诚信为生命，进而形成良好的家风与社会风气，国家必然强盛。

晋商的成功之道，为传统家风的形成，树立起了精神的楷模。让诚信敦厚的花朵，在更多的家庭里灿烂绽放。

时下，中国社会的诚信现状不容乐观。在商业方面，欺诈行为更多，以次充好，以假充真，巧取豪夺，虚与委蛇，从而导致社会道德的滑坡。

在重整家风的同时，或许我们每个人都有必要从晋商的诚信经营之道里面去品味诚信的真谛！

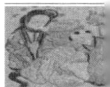

第九章
远离流毒，家风清正

中国传统记忆丛书

图说
老家風

114

礼，对中华民族精神素质的修养起到了重要的作用。礼既是中国古代法律的渊源之一，又是古代法律的重要组成部分。

　　家风，是一个家庭在世代生息、繁衍过程中形成的较为稳定的生活作风、传统习惯和道德面貌。

　　优良家风的形成，往往是通过创立者和几代甚至数代人的不懈努力，践行而形成的。

　　每个家庭的创立者，当然希望自己的后辈都能够正直守法，学有所成，继承先辈们所创建的家业，并使自己的家庭或家族变得更加兴旺，将家风永远传承下去。

　　然而，人们又不得不面对这样一个现实，那就是社会流毒对家风的侵蚀。甚至可以这样说，一个家庭从萌芽到生长成一棵遮天蔽日的大树，无时无刻不在遭受着社会流毒的考验。稍有不慎，就可能导致家风败坏，致使家业衰落。

◎败家亡族的"跋扈将军"

　　常言道："打江山容易，守江山难。"这是指皇家的命运。老百姓的家训，则是"创业容易，守业难"。

自古至今，一些由于经受不住流毒腐蚀而导致道德败坏，最终亡国败家的"败家子"事例，简直举不胜举。

东汉时期的梁商，虽然是皇后的父亲，又被封为大将军，但他为人谦恭和顺，且又能举荐贤才，在同僚中的威望甚高。另外，每逢民间闹饥荒的时候，他总要拿出自己封地的租谷赈济灾民。因此，在老百姓中的口碑也很好。

东汉顺帝非常倚重他，旁人也大加称赞。可惜的是，梁商谨慎有余，而果敢威严不足。他虽然对亲属子弟也时有告诫，但终究没有约束教导好自己的儿子梁翼。

梁翼自幼过惯了纨绔子弟的生活，他嗜酒，好女色，且痴迷赌博，几乎三教九流所能做的各种斗鸡走狗、骋马射箭的娱乐游戏，他都会。

梁翼是纨绔子弟，但跟普通的纨绔子弟又不一样。他的父亲有意让他在官场上"镀金"。他在当上大将军之前，曾历任黄门侍郎、

东汉跋扈将军梁翼，是中国古代历史上臭名昭彰的"败家子"之一。他所犯的罪行，罄竹难书，最终祸及三族。

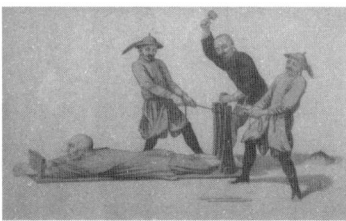

历朝历代，都制定了许多严酷的刑罚，以惩罚辱没家风、败坏社会风气的犯罪者。这是清代佚名画家笔下的《刑罚组图》。

侍中、越骑、步兵校尉、河南尹等。官场上的那一套，他烂熟在心。他虽然有口吃的毛病，连话都说不清楚，但这一点并不妨碍他耍阴谋使坏。

梁商死后，梁冀接班父亲的职务，成为大将军。东汉顺帝去世之后，无论汉冲帝还是汉质帝在位时，都由梁太后临朝。太后即梁冀的妹妹，这样实际上是由梁冀把持朝政。

汉质帝虽然年仅8岁，但他很聪明，对梁冀飞扬跋扈的行为非常生气。有一次，他眼盯着梁冀，对朝臣们说："这是一位跋扈将军。"

梁冀听了之后，当天便把汉质帝毒死了。

汉桓帝初年，梁冀和他家庭成员一个个都加官进爵。随着荣宠和权力的增加，梁冀的骄横变本加厉，更加穷凶极恶。他掠夺良家妇女充作奴婢，多达数千人。他毒杀向他辞行的荆州刺史，暗杀上书朝廷指斥其罪行的郎中……

梁冀所犯的罪行，罄竹难书。结果，他因恶贯满盈，祸及三族，终遭灭顶之灾。

梁冀道德沦丧，导致了一个家族的灭亡，连累众多无辜的性命，更不要谈家风传承了。由此可见，家风败坏，将带来无尽的灾患和祸害，甚至令一个家庭或家族衰落和消亡。

古代，随着商品经济的发展，城市的繁荣，导致人们交往范围的扩大。随之，一些社会流毒愈加肆无忌惮地蔓延开来，比如斗殴、赌博、酗酒、嫖娼、吸鸦片之流毒更加兴盛起来。这些流毒的存在，给社会带来数不清的灾祸和不安定的因素。

这些至今仍散发着腐臭味的流毒，在古代法律尚不健全的社会里，发挥道德规范的力量对其约束与抵制，有着巨大的作用。家风也因此经受着严峻的考验。

在众多社会流毒当中，嫖娼、赌博和吸鸦片对家庭与社会的危害最大。嫖娼、赌博的流毒，古已有之，而鸦片流毒是在清代中晚期泛滥的。在这三者当中，鸦片曾给无数个家庭，乃至给整个中华民族都带来过十分深重的灾难。

这3种流毒，就是我们至今仍谈之忧心的"黄赌毒"，它们对家庭和社会的危害仍然极其严重。

◎ "色"字头上一把刀

在中国古代历史上，由于时代局限性，虽然有的执政者对嫖娼的恶俗持纵容或暧昧的态度，但嫖娼对社会和家庭带来的危害是不容置疑的。

只要迷恋烟花，失足青楼，就会花天酒地，千金买笑。最终散尽钱财，甚至弄得倾家荡产。

妓女引诱嫖客上钩，目的就是为了掏光他们的口袋。在这方面，妓女们可谓八仙过海，各显神通。比如，一个妓女若同时为几个嫖客所恋，且嫖客之间互相争风吃醋，她便可以坐收渔翁之利了。

旧时，那些身陷烟花青楼的女子，就像商品一样被老鸨将名字挂在大堂的墙壁上待价而沽。

某妓女遇到富有嫖客之后，若动邪念，欲敲诈大注金钱，她就会假意从良，求其赎身。一旦"脱籍"，却肆意妄为，尽情挥霍，闹得主人无法管束，唯有挥之出门。她便重入勾栏，再张艳帜。此种行为，妓界称为"洒浴"。

妓女勾引嫖客的伎俩，各有各的手段，不胜枚举。虽然如此，仍有许多品行不端的男人流连青楼，最后只落得倾家荡产。

嫖娼的危害还远不止于此，风月场中容易争风吃醋，招惹是非，造成家庭矛盾和社会危害，有的甚至因此而搭上

民国时期，烟花女子为招揽嫖客，多穿着性感妖冶的服饰。

性命。而且嫖娼一般都是在不卫生的环境中和不健康的心理状态下进行的，因此很容易传染上各种疾病，特别是一些难以治愈的性病。

性病在中国古代有一个很香艳的名字，即"花柳病"。这个名字，出自唐代诗人李白的名句"昔在长安醉花柳，五侯七贵同杯酒"。花柳病具体起源于何时，已不可考。

因为卖淫嫖娼流毒的泛滥，导致"花柳病"横行一时，各种各样防治"花柳病"的读物应运而生。

明代以后，花柳病风行一时，尤以杨梅疮为重。性病的第一大杀手是损害身体健康，轻者"损元精、破元气、伤元神"，身心疲惫；重者眉发自落，鼻梁崩倒，肌肤患疮如疥，以致危及性命。

唐玄宗因为贪恋杨贵妃的美色而疏于朝政，这是"安史之乱"的诱因之一。为此，杨贵妃也搭上了性命。

据北宋文人胡仔撰写的《苕溪渔隐丛话》记载：北宋诗人刘孜晚年得花柳病恶疾，须眉脱落，鼻梁断坏。为此，他羞愧不已，后来病情加重而亡。

这种症状，在描写世俗社会生活的《金瓶梅》以及大量的明、清艳情小说、方志等书中，都有反映或记载。

因此，宋代有一位清正之士写诗告诫世人：

莫到妓家买欢笑，欢笑过后是嚎啕；

劝尔锦床仔细看，色字头上有利刀。

这首诗，是奉劝嫖妓者不要到青楼去买笑。一时之欢，将会带来千日之虑。对女色过于贪恋，则会贻害无穷。

人们常说："色字头上一把刀"。那么，这把"刀"会伤到谁呢？

它会伤到自己的身体，伤到一个家庭的幸福，甚至会伤到一个国家的存亡，这些绝非危言耸听。

古代历史上有很多朝代之所以衰败与灭亡，都跟当权者好色有关。不妨以唐朝为例，唐玄宗在没有遇到杨贵妃之前，创造了"开元之治"，政绩非常好。遇到杨贵妃之后，

明代文学家陈继儒将烟花女子喻为"野狐"，若迷恋其间不能自拔，终会遭到致命"花箭"的伤害。

"从此君王不早朝"，致使国家陷入危难之中，造成了"安史之乱"。

从"开元之治"到"安史之乱"，相差竟如此之大。

那么对"安史之乱"谁要负最大的责任呢？当然是唐玄宗。也许有人会把责任推给杨贵妃。但仔细想一下，没有杨贵妃，那么可能还会有"张贵妃""王贵妃"等。俗话说"色不迷人人自迷"。

"安史之乱"的因、缘、果在哪里呢？"因"在于唐玄宗迷恋女色，"缘"才是杨贵妃，才会结此恶果。

唐玄宗与前代的商纣王、周幽王、秦二世、隋炀帝相比，还算是比较幸运的。他毕竟还没有像前几位荒淫无度的国君一样，将江上丢在自己的手中。

明代开国皇帝朱元璋，对卖淫嫖娼的行为深恶痛绝。他认为官吏嫖娼之罪仅次于杀人，曾颁令严厉禁止。

明代余继登在其撰写的《典故纪闻》中记载了一件官员嫖娼被惩罚的典型事例：明英宗正统年间，广东海南卫指挥使到北京上奏章。此人在海南卫可能放纵惯了，在京期间，仍不检点，竟然宿娼。事情败露之后，被撤职遣送到威远卫担任守卫。这个处分不可谓不重。

卖淫嫖娼，既败坏道德，又损伤身体，同时也是一种犯罪行为，为人所不齿。古代一些有识之士，很早就认识到卖淫嫖娼的危害，

纷纷用文字对嫖客进行劝诫。

明代文学家陈继儒，也曾极力主张戒嫖。他在一首词中写道："红颜虽好，精气神三宝，都被野狐偷了。眉峰皱，腰肢袅，浓妆淡扫，弄得君枯槁。暗发一枝花箭，应弦倒。病魔缠绕，空去寻医祷，房术误人不少。这烦恼，自家讨。填精补脑，下手应许早。快把凡心打叠，访仙翁，学不老。"

诗人写这首词，是劝导人们不要迷恋美色，要警惕"温柔的陷阱"，及时避开致命的花箭，以免酿成"应弦倒"的悲剧。他还告诫人们不要色欲过度，自寻烦恼。要强身健体，做到清心寡欲，才能延年益寿。

清朝康熙皇帝为教育好子孙，专门编写了一本《庭训格言》，要求他们发奋读书，切莫耽溺于酒色。

中国传统记忆丛书

图说老家风

明太祖朱元璋的孙子朱有燉，坚决反对嫖娼的行径，他连续写了两首《戒嫖荡》的词，以劝诫人们莫染上嫖娼的恶习。其中一首这样写道："风情休话，风流莫夸；意薄似风中絮，情空如眼泪花，都是些虚脾烟月，耽误了好生涯。"这正所谓"嫖客花心，婊子无情"，一切都是过眼烟云，风流误去好年华。

在这首词的下片，这位皇孙反复提醒，大声疾呼："莫再偎她，莫再偎她！"若继续迷恋烟花之所，终将毁掉名声，贻误前程。切不可为一时之快而种下人生的苦果。言之切切，催人警醒。

明、清时期还出现了大量的"诫书"，劝诫人们不要沾染嫖娼的恶习。其中最著名的是曹鼐的《防淫篇》。

很多家庭或家族已经意识到嫖娼的流毒对家庭或家族和谐发展的严重影响。因此，将禁入烟花场地也列入家训当中，作为重要的一条对弟子们进行训诫。

对此，连帝王家的家训也非常重视。清代康熙皇帝为教育子孙，专门编写了一本《庭训格言》，内容十分广泛，要求诸皇子、皇孙熟读经书，克服不良恶习，不可耽溺于酒色。

清代童蒙读物《弟子规》中讲："斗闹场，绝勿近；邪僻事，绝勿问。"

这段话的意思是说，凡是容易发生争吵打斗不健康的场所，如赌博、色情等是非之地，一定要勇于拒绝，不要接近，以免受到不良的影响。

一些邪恶下流、荒诞不经的事也要谢绝，不听、不看，不要好奇地去追问，以免污染了善良的心性。孔夫子说"非礼勿视，非礼勿听，非礼勿言"，就是这个意思。

明代政治家高攀龙在家训中说："于毋作非为内，尤要痛戒嫖、赌、告状，此三者不读书人尤易犯，破身丧家尤速也。"

高攀龙的训诫可谓一针见血，他将嫖娼和赌博，视为败坏家风，甚至使家业衰败的两个主要的"凶手"。

明代政治家高攀龙非常重视对子女的品德教育，他认为嫖娼和赌博是败家的最大"凶手"。

121

◎古代严打赌博流毒的措施

赌馆是一个像魔鬼一样凶残的陷阱，它曾导致不计其数的家庭妻离子散、家破人亡。

在古代历史上，赌博与嫖娼可谓两种并驾齐驱的社会流毒，曾猖獗一时。

赌博，不仅腐蚀个人的思想，而且对家庭的危害很大。它可能导致家风散失，夫妻感情失和，甚至酿成妻离子散、家破人亡的惨剧。赌博还容易诱发投机冒险心理，使人铤而走险，偷盗抢劫，给社会带来不安定的因素。因此，中国历代政府都不遗余力地禁赌，并颁布了一系列的禁赌措施。

但是，历代都会出现一些好赌之徒，甚至包括一些皇帝与大臣，也都嗜赌成性。如汉代的汉景帝、汉宣帝，他们在没有登基之前都是好赌之徒。至于他们登基之后是否收手，就不得而知了。

这对六博戏的陶俑，是从汉代古墓出土的。春秋时期，宋国大夫南宫长万在恼羞成怒之际，就是用这样的六博盘将赌徒宋闵公砸死的。

最倒霉的是，还有一位国君被赌徒用棋盘给砸死了。他就是春秋时期宋国的国君宋闵公，当然他自身也嗜好赌博。

据西汉司马迁撰写的《史记》记载：宋闵公与大夫南宫长万一起外出狩猎的时候，两人都犯了赌瘾，便以六博戏开赌。在赌博的过程中，他俩竟然发生了争执。宋闵公情急之下，当众揭穿了南宫长万曾被别国俘虏的短处。南宫长万一怒之下，举起了六博盘将宋闵公砸死了。一代君王，竟因为赌博丢掉了性命，甚是荒唐。

这段史实，也印证了"赌博场上无兄弟"这句民间俚语的含意。赌博容易使人引发争执，使人丧失理智，甚至连手足之情都不去顾及。

据元末官修的《宋史·贾似道传》记载，南宋奸相贾似道便是一个十足的赌徒。

贾似道是中国古代史上一个"臭名昭著"的人物。在政治腐败、国力衰微的南宋末年，他从一个专事吃喝嫖赌的混子，迅速爬到了右丞相兼枢密使的高位。他残酷压榨人民，过着极其荒淫奢

南宋奸相贾似道嗜赌成癖，在国家岌岌可危之时，仍与一大帮赌友和群妾不分昼夜地赌博玩乐。

侈的生活。

当元军大举南下，赵宋王朝岌岌可危之时，贾似道除了跟群妾寻欢作乐之外，就是招呼一大帮赌友在别墅里不分昼夜地赌博。此时，哪管什么国家大事、军国重任，早抛到九霄云外去了。若赌友们一时凑不齐，就跟群妾斗蟋蟀玩乐。

有这样的"赌徒"宰相，南宋王朝岂有不亡之理？

赌博不仅消磨人的意志与思想，而且还会对社会造成一定的危害。因此，历来为封建王朝所禁止。

汉高祖刘邦深知"上梁不正下梁歪"的道理，他将严打的对象放在上层。对官吏参与赌博的惩罚非常严厉，起到了杀一儆百的作用。

汉代初期，汉高祖刘邦将禁赌的重点放在了上层，凡是官吏参与赌博的，不仅罢免官职，没收赃物、赃款，还要罚得他倾家荡产。

汉武帝时期，翩侯黄遂因为赌博被判处仅次于死刑的带刑具服苦役。另外两名翩侯张拾、蔡辟方也因为赌博被剥夺了爵位。对官吏赌博的严厉惩处，致使赌博的恶风在当时的官场敛迹。

唐代对赌博也禁得很严，发现赌博者，杖责一百，并没收赃物、赃款。倘若在京城设赌被抓获，将处以极刑，民间设赌则被处以充军。

北宋是中国古代历史上对赌博处罚最严厉的一个朝代，轻者罚金或发配，重者处斩。宋太祖赵匡胤立国之初制定的法典《宋刑统》里面，对禁赌有明确的律文。在实际的处罚中，甚至大大超过了律文限定。

明太祖朱元璋也是想尽一切办法禁赌。明代法律规定，凡赌博者一律砍手。据说，明朝建都南京之后，朱元璋曾下旨在今淮清桥北面建造了一座"逍遥楼"。楼中富丽堂皇，配有多种赌具。

他下令将赌博者关押其中，任他们纵情去赌，不给吃喝。赌棍

们饿极之下，无心恋赌，纷纷醒悟："唯有自食其力才是人生正途。"同时，朱元璋又下令严惩一批赌头，使得京城内外赌风静止，广受朝野称道。

一个朝代的衰落与灭亡，归根究底在于国风败坏，而家风是构成国风的基础。因此，一个朝代的兴衰，往往从家风中能够发现一些端倪。

朱元璋作为一个皇室家族的家风创建者，当然希望家风能够代代相传下去。然而，他的那些后代们并不能完全如他所愿。随着家风的败坏，明王朝也日渐式微。随之，一些社会的流毒愈加肆虐，当然也包括嫖娼与赌博等恶习。

明太祖朱元璋对赌博深恶痛绝，他制定了许多禁止赌博的措施，严重者甚至直接砍掉手臂，绝不姑息。

清代皇帝有鉴于明亡的教训，在诸多方面整纲肃纪，励精图治。在"康乾盛世"时期，清政府一再发布禁赌的上谕，尤其是雍正时期颁布了一系列的禁止赌博上谕，表明了清政府禁赌的态度和决心。

清代禁赌的法规，细致全面，且较为严厉。立法者的出发点，是要禁止一切形式的赌博，任何身份的人参与任何形式的赌博均属于非法，同时禁绝赌具的生产、传播与销售。对于官员和负有禁赌职责相关人员的行为，也做出了较为详尽的奖惩规定。

清乾隆时期颁布的《大清律例》第三十四卷《刑律·杂犯》中，较为全面地记载了当时禁赌的条例。对于参与赌博者，规定：

清朝的《大清律》对参与赌博者，轻则枷号两月，杖一百，重则发配充军。但到了晚清时期，由于朝政腐败，赌博的流毒日益泛滥。

"凡赌博，不分兵民，俱枷号两个月，杖一百。"对于偶然开赌，抽头不多的"各枷号三个月，杖一百"。同时，参赌者的主人或上司，因家风不正或管教不严，也分别要受到一定程度的处罚。有入宗室府内赌博者，全部发到近边充军。

清政府对赌博虽然有严格的刑律处罚规定，但到了晚清时期，因为朝政腐败，国风颓废，赌博的流毒也呈泛滥之势，禁不胜禁，渐成严重的社会顽疾。因此，传统家风也在遭受着社会流毒的巨大冲击。

◎家风与赌博流毒的较量

赌博流毒的泛滥，给社会和家庭带来了不小的灾难。一些嗜赌成性的赌徒，往往一夜之间，将家中多年的积蓄，甚至所有的家产输得一干二净，典妻卖儿者有之，甚至导致家道衰败或家破人亡。

因而，几乎每个家庭对赌博的恶习都深恶痛绝，并制定了严厉的家训、家规，以规矩子弟们的行为，从而使他们远离赌场，保持家风的清正。

在强调进德修身的传统家训中，无不将戒除恶习放在首位，谆谆告诫子孙千万不要沾染赌博、酗酒、游手好闲、寻花问柳等恶习。

还有不少家训规定了对沾染恶习的子弟们的惩罚措施，轻则杖责、鞭挞，重则免祀，开除出族，甚至处死。

晚清大臣端方在其家训中，严厉训诫自家的子弟，仅"严约束"就将近20条。大抵是说，要求家中子孙们不许沾染赌博、嫖娼、吸鸦片、斗殴等恶习。他担心子孙们学坏，为防患于未然，他安排专人控制子孙们的开支。每项花销，必须交代清楚。

赌博是一种有辱家风的恶习。自古至今，人们对铲除它的态度从未改变过。为了保证家风的传承，守住得来不易的家业，家庭或家族的长辈们除了制定家训、家规，警示和规矩后辈们的行为之外，还会采取一些其他的方式。

比如我国民间的不少地区，

这是一件从汉代贵族墓中出土的赌具铜骰子，由此可见，古墓的主人很可能是一个嗜好赌博的人。

曾有过修建"戒赌碑"的举措。家族的长辈们集合本族成员，在上刻"永禁赌博"的石碑前宣誓，远离赌场。若族中的哪一个人违背誓言，会受到严厉的惩罚。

我国民间还流传着很多戒赌诗和戒赌民谣，以此警醒世人，勿沾染赌博的恶习，本分做人。

"一更穷，二更富，三更'起大厝'（盖大房子），四更卖妻做大舅，五更做贼入狱住。"这是旧时闽南地区流传的一首戒赌谣，总共才25个字，但以时间为线索，叙述了赌徒一夜之间成囚徒的过程，点明了赌博与犯罪的联系。

在过去，一些家庭或家族为了让子弟们远离赌场，使家业与家风能够永续发展，便用戒赌碑来警醒他们。

在江南民间还流传着一首用月份叙事的《劝赌歌》："正月雪花纷纷扬，流浪汉子进赌场；赌起钱来全不顾，输去田地怨爹娘；二月杏花出院墙，老婆劝赌情意长；劝侬老公勿要赌，做个安分种田郎；三月桃花正清明，姐妹劝赌泪淋淋；劝侬哥哥勿要赌，勿负姐妹一片情……"

这首《劝赌歌》，以委婉动情、苦口婆心的劝诫，曾使不少流连赌场的好赌者改邪归正。

每个家庭或家族的长辈，都希望自己的家人或族人能够谨守家规，远离流毒，从而使家业健康持续地发展。

但是，他们又不得不面对流毒猖獗这个社会现实。他们只能通过严整家风，以家规、家法的形式来抵制流毒的侵害，保证家庭或家族的康宁。

发财暴富，几乎是每一个混迹于赌场的赌徒的最初心愿。然而，结果往往很残酷，令他们倾家荡产，甚至妻离子散。

◎毒品泛滥造成的血泪史

如果说，嫖娼、赌博的流毒，尚在可以苦心应对的范围，那么毒品的泛滥，对一个家庭或家族来说，几乎是一个无可挽救的毁灭性打击。

一个人一旦吸食毒品成瘾，就会人格丧失、道德沦丧。吸食毒品者为了购买毒品耗尽正当收入之后，就会变卖家产，

旧时鸦片的泛滥，是对传统家风的严峻考验。不论贫富，一些家庭的家风不严，使毒品的侵入有了可乘之机。

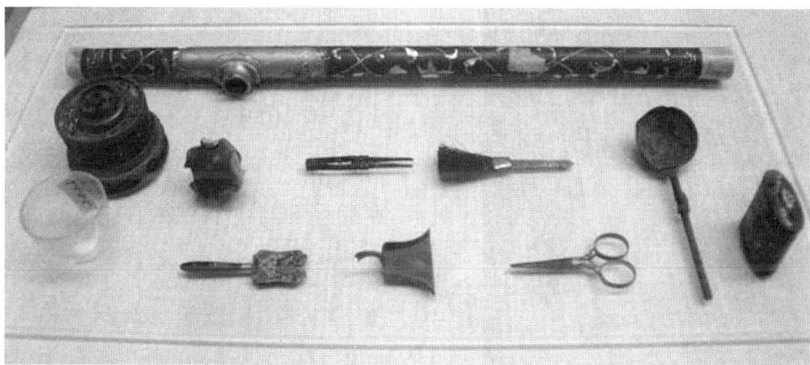

四处举债，倾家荡产，六亲不认。"烟瘾一来人似狼，卖儿卖女不认娘。"这句俗语，是对吸食毒品者最形象的刻画。

家中只要有了一个毒品吸食者，从此全家就会永无宁日，就意味着这个家庭贫穷和充满矛盾的开始。妻离子散，家破人亡，往往就是吸食毒品者家庭的结局。

早期的毒品，以鸦片为主。鸦片，曾经将整个中华民族推至灾难深重的困境。至今还没有一种社会流毒，能够像鸦片一样，令一个民族痛彻骨髓，并留下屈辱的伤疤。

这一灾难性的社会流毒，起源于 100 多年以前。当时的毒品主

鸦片的大量输入，严重地损害了国人的身心健康，摧残了社会生产力，加剧了国家的危机。这是吸食鸦片的烟具。

要是鸦片。使用毒品的方式，是将其放在特制的烟枪上吸食，因此就有了"吸毒"一词。

鸦片，曾给无数个家庭留下了血泪斑斑的家史，也曾使无数个家庭湮灭在乱世的流毒之中。吸毒，往往又跟卖淫嫖娼、盗窃、贩毒以及各类犯罪有着直接的关系。

这就是用来提取鸦片的植物罂粟。在这些艳丽花朵的背后，曾掩藏着多少罪恶的勾当与斑斑血泪。

鸦片，是从罂粟的蒴果上割取的汁液加工而成的，又名阿片、阿芙蓉、烟土、大烟等。鸦片中含有罂粟碱、原鸦片碱、吗啡、可待因等多种生物碱类物质，对人类、动物的中枢神经有较强的麻醉作用，是一种天然毒品。鸦片被作为毒品吸食，对人体造成不可逆转的伤害，甚至造成死亡。

民族英雄林则徐在担任两广总督期间，曾发誓禁绝烟毒。但因为清政府的腐败，终使他壮志未酬。

清朝中晚期，朝政腐败，帝国主义列强肆无忌惮地向中国倾销鸦片，从而导致鸦片流毒大肆泛滥。

1838年，道光皇帝曾颁布《钦定严禁鸦片烟条例》，将清廷历次发布的有关禁止贩卖鸦片、禁止吸食鸦片、禁止种植罂粟的规定合编为39条，成为中国历史上第一部综合性的禁烟法典。

该章程颁布之后，两广总督林则徐下令禁烟，1839年6月3日至5日，在广州虎门销毁英、美鸦片商交出的鸦片11882.5公斤。

清政府虽然有严厉的禁毒法令，然而，禁毒的成效却是不尽如人意。

尤其是两次鸦片战争，都以中国惨败而告终。1858年，清政府被迫与英、法、美三国签订了《通商章程善后条约》，承认了鸦片贸易的合法化。

紧接着，又解除了禁贩、禁吸、禁种、禁制的法令，使得鸦片流毒得以大行其道，几乎失控。据史料统计，到1906年，大概在3个人中间，就有1个鸦片鬼。鸦片流毒的泛滥，给当时的无数家庭带来毁灭性的打击。

鸦片对吸食者的身心造成了严重的摧残，民间歌谣有曰："大烟是杆枪，不打自受伤；几多英雄汉，困死在烟床。"非常形象地说明了鸦片对人的危害。

在云南民间曾流传过这样一首民谣："竹枪一支，打得妻离子散，未闻枪声震天；铜灯半盏，烧尽田地房廊，不见烟火冲天。"这首民谣，充分说明了鸦片对家庭的严重危害。由于家破人亡，进而流离失所，甚至铤而走险，危害社会。

鸦片的危害已经令人触目惊心，而比鸦片毒性更强的吗啡、海洛因对吸食者的危害更加令人毛骨悚然了。

据《旧北京的烟害》及诸多文字史料记载："白面"（海洛因）之毒，比大烟更加厉害。凡是染上"白面瘾"的人，家业很快就会败光，人也死得很快。吸食"白面"的方法很简便，当时

鸦片的泛滥，曾使不计其数的国民堕入黑暗的深渊不能自拔，也曾使无数个家庭的希望湮灭于缕缕青烟之中。

一小包"白面"仅需一角钱，可吸好几次。与大烟相比，"白面"更便宜一些，因此一些吸食鸦片的纷纷改吸"白面"。"白面"吸食后，口中干渴，想饮用清凉之物。但喝下汽水之后立即犯瘾，仍想再吸。如此反复，自然花费增加，故倾家荡产和早亡丧命者不计其数。

◎家风，民间禁毒的"利器"

清政府禁烟的失败，无形中将戒烟毒的责任全部推加到每个家庭身上。烟毒对社会上的每个家庭带来的冲击，或是毁灭，或是忧虑重重。

于是，一些有先见之明的家庭或家族，都开始重新肃整家风，将戒烟毒

清政府禁烟失败，使鸦片成为一种商品在众目睽睽之下交易。烟毒，令每一个家庭都谈之色变。这是一对吸食鸦片的满族夫妇。

作为最重要的一条家训，以警示子弟们勿沾染烟毒。若有子弟沾染烟毒，轻则鞭挞、关禁闭，强制戒毒，重则驱出家门，任其自生自灭。

后一种做法虽然显得冷酷，但在那种社会环境之下，这也是一种迫不得已的做法。只有如此，才能够守住多年创立的家业，不至

民间禁毒的措施，除了家训、家规的严厉训诫之外，还编写了大量劝戒鸦片的歌谣。它们在民间广泛流传，警醒世人。

于使家风败坏，同时也能够起到警示其他子弟的作用。

在鸦片泛滥的大环境之下，防患于未然，也是家风传承所必须做的。一些家庭或家族的长辈严格监督子弟们的日常行为，或通过控制开支来减少他们接触烟毒的机会。

除了家训、家规，民间还编

写了大量劝戒鸦片的歌谣，广泛流传。以此警醒世人，莫沾染烟毒，使自己走上不归路。

如清代末年，广东香江县一位名叫汤耀明的秀才编写了一首《戒鸦片烟歌》："莫食鸦片烟，一食魔鬼缠。面似镬底黑，眼鼻水涟涟；骨瘦如干柴，腰弯手脚软。吸烟上毒瘾，卖屋又卖田。"

这首通俗易懂的《戒鸦片烟歌》，旋即在珠江三角洲及港澳一带传开。不少塾堂书院均以此歌做学生的习字帖。辛亥革命后，各地不少印书局还竞相将此歌谣印刷成描红簿，供初入学的稚童习字用。

再比如，民国年间在西北地区广泛流传的一首《十字诉烟枪》歌：

> 一字原是一条枪，要唱烟盘与烟枪；
> 吸烟盘子不大点，烧得家破又人亡。
> 二字下来两条龙，烟灯上面罩子笼；
> 烟枪搭在灯盘上，害了无数好英雄。
> 三字原来三横长，挖刀签子摆两旁；
> 烟枪不过一尺二，吹光万亩好田庄。
> 四字封口不留门，烟盘就是枉死城；
> 嘴皮搭在烟枪上，弯腰驼背像狗形。
> 五字原来背又驼，要唱装烟牛角盒；
> 房屋田地吹完了，无钱只有卖老婆。
> 六字三点不沾身，烟瘾发了鬼抓心；
> 两个呵欠眼泪淌，脚酸骨痛像抽筋。
> 七字原来把脚翘，吐点口水拌烟糕；
> 不是哥们不爱好，烟瘾发了怎开交。
> 八字原来两边排，婆娘裤子偷出来；
> 只要过了这口瘾，回家愿意跪尘埃。
> 九字就像钓鱼钩，无钱吃烟去学偷；
> 别人捉住当狗打，还要送进牢里头。
> 十字原来穿心过，劝郎一定要改心；
> 鸦片本是害人鬼，害死世上年轻人。

这首歌谣，将鸦片像魔鬼一样凶残的本质，淋漓尽致地刻画出来，曾经警醒过无数世人，至今仍有着非常深刻的警示意义。

民间禁毒的力量，虽然无法左右当时的社会现状，但它所起到的积极作用也是非常明显的。它令许多家庭能够独善其身，能够将忠厚的家风和中华民族的美德健康地传承下来。

辛亥革命后，北洋政府于1912年颁布了《中华民国暂行新刑律》。该刑律专章规定了鸦片犯罪，对制造、贩卖、收藏、吸食或制造贩卖吸

民国时期，毒品在社会上日益泛滥，屡禁不绝。这是当时政府禁止农民种植大烟的宣传告示。

食鸦片器具，以及开设鸦片馆舍、巡警官员等包庇鸦片罪犯等都做出了处罚规定。以后，在国民党统治时期，先后颁布了一些禁毒条例，但是都没有将烟毒彻底根除。

新中国成立以后，政府采取了有力的禁毒措施，在全国范围内开展大规模的查禁烟毒的斗争，严厉地打击了烟毒犯罪分子，取得了举世瞩目的成果，基本根绝了烟毒。

随着20世纪80年代的改革开放，特别是由于我国所处的地理环境与毒品主要产地毗邻的特殊原因，使得曾经在中国大地上一度禁绝的毒品又悄悄地蔓延开来，并且逐年呈上升发展的趋势，毒品交易愈加隐秘，毒品的种类也呈多样化。鸦片的滥用发展到应用鸦片的提取物吗啡、半合成品海洛因、吗啡的各种衍生物，以及非鸦片类的大麻、可卡因、冰毒等。打击毒品犯罪，已经成为了一项关系

民国时期，鸦片、吗啡等毒品严重摧毁了国民的身心健康。一些治疗毒瘾的药方应运而生，其疗效良莠不齐，但却反映出毒品对当时社会危害之严重。

家风和国风健康传承的艰巨任务。

"黄赌毒"不仅对涉及者造成肉体和精神上的伤害，使他们陷入难以解脱的痛苦之中，而且还会诱发多种犯罪，从而在更大范围和程度上危害社会和国家。

因此，每个人都必须从我做起，从自家做起，远离"黄赌毒"。在美丽的家园外面筑起一道坚固的城墙，坚决抵制"黄赌毒"的侵蚀与残害，从而构建起和谐美满的家庭与社会。

第十章
朱子家训，治家精髓

家训，是中国古代家庭教育的一大特点。若从孔夫子庭训儿子孔鲤算起，家训文化真可谓源远流长。南北朝时期的颜之推所作的《颜氏家训》，不仅将家训文化发扬光大，而且使其成为一个系统，惠泽后世，蔚然成风。

古语说："遗儿千秋富贵，莫若良言一句。"由此可见，家训在古代家庭教育当中的地位是多么的重要。

纵观古今，中国历史上几乎每一位成功之士，都受到了家训的熏陶。无论这种家训是有形的文字，还是无形的言传身教，都对他们的人生起到了极大的促进作用。

◎朱柏庐，一位精于治家的先贤

《朱子家训》作为我国古代的家教名篇，300多年来历传不衰。

《朱子家训》，又名《朱子治家格言》，数百年来在我国民间可谓家喻户晓，影响深远。这是清代绘图版本的《朱子治家格言》。

无论是官宦士绅、书香世家，还是贩夫走卒、普通百姓，几乎家喻户晓、人人皆知。

《朱子家训》，又名《朱子治家格言》《朱柏庐治家格言》。全篇共500余字，采用骈体形制写就，文字流畅，对仗工整，读起来朗朗上口，易于背诵。所讲的

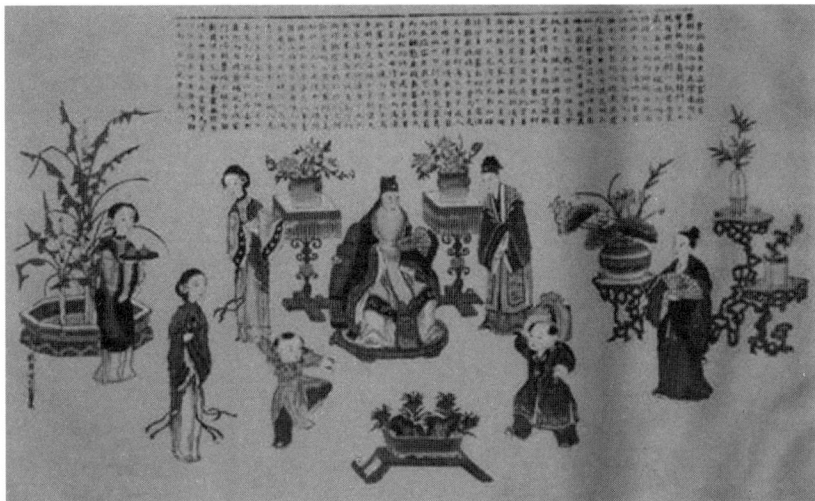

《朱子家训》所讲的道理，通俗易懂，且具有很强的感染力。这是清末版杨柳青年画《朱子家训图》。

道理，更是深入浅出，具有很强的感染力。在讲道理时，运用对比的手法，善恶并论，是非分明，使人们清楚什么是倡导的，什么是力戒的，泾渭分明。

"修身"与"齐家"，是《朱子家训》的主旨。全篇以儒家处世的角度来衡量家庭关系，且方方面面都有涉及。比如勤俭持家、尊敬师长、和睦邻里等，在今天仍然有着积极的意义。当然，由于历史的局限性，其中也含有某些封建性的糟粕，如对女性的偏见、迷信报应等，但我们不能苛求于前人。

《朱子家训》的作者朱柏庐（1617~1688年），本名朱用纯，字致一，江苏昆山人。他是当时有名的理学家和教育家。

清顺治二年（1645年）8月，在守卫昆山城、抵御清军时，朱用纯的父亲朱集璜不幸遇难。这一年，朱用纯才18岁。父亲殉难之后，战乱稍平，朱用纯便将父亲下葬。他因为敬慕"二十四孝"中王裒攀柏庐墓的故事，自号"柏

朱柏庐，被时人誉为"昆山三贤"之一。他提倡行知并进，躬行实践，并以一篇《朱子家训》而扬名后世。

庐"。然后，他搭茅庐于墓侧，守孝三载。他与归有光、顾炎武为好朋友，因此被时人誉为"昆山三贤"。

入清之后，他隐居乡野，始终拒绝参加清朝的科举考试。除了侍奉老母，他将所有的精力都投入到教授学生和研究学问上面。他以程、朱理学为本，提倡行知并进，躬行实践。因不接受举荐，拒不参加清政府博学鸿词考试，人们也将他与徐枋和杨无咎并称为"吴中三高士"。

清康熙三十四年（1695年）4月，朱柏庐病逝于昆山家中。除了《朱子家训》之外，他还著有《删补易经蒙引》《四书讲义》《困衡录》《槐讷集》《春秋五传酌解》《毋欺录》等。

旧时，《朱子家训》的内容经常出现在各类民间艺术作品当中，足见其影响力之大。这是民国瓷器方升上面的《朱子家训》铭言。

朱柏庐去世之后，各地相继将这篇家训刻梓成书，各种家训选本也无不选入此篇。善书者则将其写成字帖，使之广为流传、几乎家喻户晓。

《朱子家训》流传之广，影响之久远，远远超过了中国传统家训

清朝的康熙皇帝自第三次下江南时，便对《朱子家训》产生了浓厚的兴趣，并将其引入宫中，作为皇子皇孙们的必修课。

中的任何一部。它不仅被人们作为理家教子、整饬家风的治家良策，而且还被作为私塾蒙馆的启蒙教材。

据说清康熙皇帝从第三次南巡（1699 年）开始，就经常听人提及《朱子家训》。对此家训，他也很感兴趣。后来，康熙皇帝经常将其中的一些名句抄写成对联，送给满族的官员和他们的孩子。同时，他还把《朱子家训》引入宫中，与《三字经》《千字文》等启蒙读物一起，作为皇子皇孙们的必修课。

清乾隆三十年（1765 年），时任礼部左侍郎的满族人德保，将《朱子家训》译成满文，以教八旗子弟。他对《朱子家训》有着非常高的评价，称之为："物理人情之朗鉴，昏衢黑夜之清灯。"

我国古人历来把治国安邦与修身治家相提并论，十分重视治家，这是非常有道理的。良好的家庭环境和健康向上的家庭氛围，显然有利于人们优良品德的形成。而家庭是社会的基础，家风清正，社会才会有安定的保证。

在家风的传承当中，家训起着不可替代的作用。而数百年来，寥寥数百字的《朱子家训》能够成为中国传统家训文化中的一朵奇葩，正是基于这个目标。

"一粥一饭，当思来处不易；半丝半缕，恒念物力维艰。"这句广为流传的名言，就是《朱子家训》所重点倡导的勤俭持家精神。勤俭是人们最基本的美德，也是中华民族传统的美德，即使在物质生活极大改善后的今天，这仍是不能丢弃的"珍宝"。

朱柏庐是一位主张知行并进、言行合一的人。对于《朱子家训》所重点倡导的勤俭持家精神，他既是倡导者，又是实践者，身体力行。明朝灭亡之后，他与家人隐居乡野，边耕种边治

勤俭是中华民族的传统美德，任何时候都不应该丢弃。这是杨家埠现代木版年画《劳动幸福》。

学，过着既清贫又和睦的生活，在当时曾传为美谈。

在为人处世方面，《朱子家训》里面的很多主张，都有非常深刻的意义。即使放到今天，也一点都不过时。

比如《朱子家训》中主张做人要温和、理智；对贫困的人不得落井下石，而要雪中送炭。这种脉脉温情在古代和现代都是难能可贵的。所谓"理智"，就是做事要三思而后行，不要听信流言蜚语，要学会反省自己，不要一味怨天尤人。

"道义是经"，意指从善去恶才是人生追求的正道。这也正是《朱子家训》的精髓所在。

另外还主张做人要怀有感恩与宽容之心。施恩不求回报，但受到别人的恩惠一定不能忘记。这就是所谓的"施惠无念，受恩莫忘"。

对功名利禄的认识，《朱子家训》也有着朴素而美好的见解："读书志在圣贤，非徒科第；为官心存君国，岂计身家？"意思是说，读书是为了求学问而不是追名逐利；当官则是为了国家天下，而不是为了个人的利益。

其他，诸如主张做人公平厚道，诚实待人，力戒色欲和奢华，反对见利忘义等为人处世的观点，在《朱子家训》中大都有涉及。而且见解精辟，直指人心，令人有醍醐灌顶之感。

《朱子家训》中的很多观点，对现代家风的建设，

如果每个家庭都按照《朱子家训》的要求去做，每个家庭都会充满爱与关怀，整个社会也就会变得四季如春！

仍有着非常积极的意义。它以循循善诱的方式彰显的，是做人的一种操守，一种品行，一种修养，且永不过时。

一个家庭就是一个小社会，这里既有温情，又有矛盾。外界的浊水与流毒，还随时可能渗透进来。如何治理好家庭，传承家风呢？

古人说过："家何以治，曰各自尽。"这就是，每个家庭成员，都要各自对家庭尽责，共同遵守道德准则。

假如每个人都遵照《朱子家训》中那些善意而睿智的规则去做，互爱互助，全家一条心，那么作为社会细胞的家庭就健全了，社会也就和谐了。

或许，这就是《朱子家训》的治家精髓吧！

◎一杯绿茶，相约朱子

数百年来，只有寥寥数百字的《朱子家训》，给人们治家与做人带来了无数的启发与智慧。它对传统敦厚、淳朴家风的形成，起到了督导的作用，令无数个家庭受益。

时至今日，《朱子家训》仍然深受人们的重视。它所倡导的治家与做人的精髓，甚至强于很多鸿篇大著。

因为《朱子家训》篇幅精短，我们在这儿不妨将其全篇录入并加以通解。然后，从面前的文字里跳跃出来，沏一杯绿茶，一边品啜，一边从它的字里行间品味那种淳朴的智慧，从中寻找到一种全新的启示。

（原文）：黎明即起，洒扫庭除，要内外整洁；既昏便息，关锁门户，必亲自检。

每天早晨黎明就要起床，先用水来洒湿庭堂内外的地面然后扫地，使庭堂内外整洁；到了黄昏便要休

忠厚家风，是一个家庭或家族发展与兴盛的根本。这是清代杨柳青年画《忠厚家风》图。

息，并亲自查看一下要关锁的门户。

（原文）：**一粥一饭，当思来处不易；半丝半缕，恒念物力维艰。**

对于一顿粥或一顿饭，我们应当想着来之不易；对于衣服的半根丝或半条线，我们也要常念着这些物资的产生是很艰难的。

（原文）：**宜未雨而绸缪，毋临渴而掘井。**

凡事先要准备，像没到下雨的时候，要先把房子修补完善，不要"临时抱佛脚"，不要到了口渴的时候，才来掘井。

（原文）：**自奉必须俭约，宴客切勿流连。**

自己生活上必须节约，聚会在一起吃饭切勿流连忘返。

一日之计在于晨，一个人应该从小养成勤劳早起的习惯。勤劳，是一种永恒的美德。

（原文）：**器具质而洁，瓦缶胜金玉；饮食约而精，园蔬愈珍馐。**

餐具质朴而干净，虽是用泥土做的瓦器，也比金玉制的好；食品节约而精美，虽是园里种的蔬菜，也胜于山珍海味。

（原文）：**勿营华屋，勿谋良田。**

不要营造华丽的房屋，不要图谋买良好的田园。

（原文）：**三姑六婆，实淫盗之媒；婢美妾娇，非闺房之福。**

社会上不正派的女人，都是奸淫和盗窃的媒介；美丽的婢女和娇艳的姬妾，不是家庭的幸福。

（原文）：**童仆勿用俊美，妻妾切忌艳装。**

家僮、奴仆不可雇用英俊美貌的，妻、妾切不可有艳丽的妆饰。

（原文）：祖宗虽远，祭祀不可不诚；子孙虽愚，经书不可不读。

祖宗虽然离我们年代久远了，祭祀却仍要虔诚；子孙即使愚笨，教育也是不容怠慢的。

（原文）：居身务期质朴，教子要有义方。

自己生活节俭，以做人的正道来教育子孙。

（原文）：勿贪意外之财，勿饮过量之酒。

不要贪不属于你的财，不要喝过量的酒。

一个人做人做事，切勿贪占小便宜。贪占别人小便宜的人，久而久之会养成自私自利的恶习。

（原文）：与肩挑贸易，毋占便宜；见贫苦亲邻，须加温恤。

和做小生意的挑贩们交易，不要占他们的便宜；看到穷苦的亲戚或邻居，要关心他们，并且要对他们有金钱或其他的援助。

孝敬父母，是天经地义的事情。不孝敬父母的人，只会令人唾弃。这是山西静乐剪纸"唐媳乳母"图案。

（原文）：刻薄成家，理无久享；伦常乖舛，立见消亡。

对人刻薄而发家的，绝没有长久享受的道理。行事违背伦常的人，很快就会消灭。

（原文）：兄弟叔侄，需分多润寡；长幼内外，宜法肃辞严。

兄弟叔侄之间要互相帮助，富有的要资助贫穷的；一个家庭要有严正的规矩，长辈对晚辈言辞应庄重。

（原文）：听妇言，乖骨肉，岂是丈夫？重资财，薄父母，不成人子。

听信妇人挑拨，而伤了骨肉之情，哪里配做一个大丈夫呢？看重钱财，而薄待父母，不是为人子女的道理。

（原文）：嫁女择佳婿，毋索重聘；娶媳求淑女，勿计厚奁。

嫁女儿，要为她选择贤良的夫婿，不要索取贵重的聘礼；娶媳妇，须求贤淑的女子，不要贪图丰厚的嫁妆。

（原文）：见富贵而生谄容者，最可耻；遇贫穷而作骄态者，贱莫甚。

看到富贵的人，便做出巴结讨好的样子，是最可耻的；遇着贫穷的人，便做出骄傲的态度，是卑贱不过的。

（原文）：居家戒争讼，讼则终凶；处世戒多言，言多必失。

居家过日子，禁止争斗诉讼，一旦争斗诉讼，无论胜败，结果都不吉祥。处世不可多说话，言多必失。

做人一定要有一个正确的标准，从善去恶才是修身的根本。这是民国时期的启蒙读本《童子尺牍》。

（原文）：勿恃势力而凌逼孤寡，毋贪口腹而恣杀生禽。

不可倚仗势力来欺凌压迫孤儿寡妇，不要贪口腹之欲而任意地宰杀牛羊鸡鸭等动物。

（原文）：乖僻自是，悔误必多；颓惰自甘，家道难成。

性格古怪，自以为是的人，必会因常常做错事而懊悔；颓废懒惰，沉溺不悟，是难以成家立业的。

（原文）：狎昵恶少，久必受其累；屈志老成，急则可相依。

亲近不良的少年，日子久了，必然会受牵累；恭敬自谦，虚心地与那些阅历多而善于处事的人交往，遇到急难的时候，就可以受到他的指导或帮助。

（原文）：轻听发言，安知非人之谮诉？当忍耐三思；因事相争，焉知非我之不是？

他人来说长道短，不可轻信，要再三思考。因为怎知道他不是来说人坏话的呢？因事相争，要冷静反省自己，因为怎知道不是自己的过错？

（原文）：施惠无念，受恩莫忘。

对人施了恩惠，不要记在心里；受了他人的恩惠，一定要常记在心。

（原文）：凡事当留余地，得意不宜再往。

无论做什么事，当留有余地；得意以后，就要知足，不应该再进一步。

（原文）：人有喜庆，不可生妒忌心；人有祸患，不可生喜幸心。

他人有了喜庆的事情，不可有妒忌之心；他人有了祸患，不可有幸灾乐祸之心。

（原文）：善欲人见，不是真善；恶恐人知，便是大恶。

做了好事，而想让他人看见，就不是真正的善人。做了坏事，而怕他人知道，就是真的恶人。

143

家庭和睦，是家庭生活幸福的保证。这是清代竹雕艺人创作的"和合二仙"塑像。

《朱子家训》中所讲的治家修身的精髓，至今仍不过时。如果一个家庭里的成员都能够做到，那么这个家庭一定会幸福美满。

（原文）：见色而起淫心，报在妻女；匿怨而用暗箭，祸延子孙。

看到美貌的女性而起邪心的，将来报应，会在自己的妻子儿女身上；怀怨在心而暗中伤害人的，将会替自己的子孙留下祸根。

（原文）：家门和顺，虽饔飧不继，亦有余欢；国课早完，即囊橐无余，自得至乐。

家里和气平安，虽缺衣少食，也觉得快乐；尽快缴完赋税，即使口袋所剩无余也自得其乐。

（原文）：读书志在圣贤，非徒科第；为官心存君国，岂计身家？

读圣贤书，目的在于学圣贤的行为，不只为了科举及第；做一个官吏，要有忠君爱国的思想，怎么可以考虑自己和家人的享受？

（原文）：守分安命，顺时听天。

我们守住本分，努力工作生活，上天自有安排。

（原文）：为人若此，庶乎近焉。

如果能够这样做人，那就差不多和圣贤做人的道理相合了。

第十一章
耕读传家，普世千年

古代中国，是一个以农耕为主的国家，但同时又是一个以儒家为统治思想的国家，有着长久的"学而优则仕"的传统。这便是古人以"耕读传家"为主要处世方式的社会背景及政治背景。

所谓的"耕读传家"，通俗一点来讲，其实就是通过耕田力作，奠定发家基业，进而督课子孙，勤奋攻读，从而获取功名。

◎农耕文化的美丽传说

耕读传家，既学做人，又学谋生。在中国古代社会，可谓深入民心，影响深远。

旧时，在一些家庭的门楣上，经常可以见到："耕读传家"的字样，或门上贴有"忠厚传家久，诗书继世长"的对联。农耕社会的特色，儒家文化的浸润，渗透于字里行间。

耕读文化，是建立在古代农耕文明（小农经济）和科举制度的基础上的。追溯农耕文化的起源，"男耕女织"的记忆首先会跃入人们的脑海。"男耕女织"，不仅仅是指早期的劳动分子，也是

这件清代的砖雕作品，所表现的是"渔樵耕读"的主题。"渔樵耕读"，也是中国古代耕读文化的一个缩影。

农耕文化形成的基础。

"牛郎织女"的故事，是我国民间流传非常久远的一个传说，它甚至被视为农耕文明的一种精神象征。

根据史料记载，这个故事在汉代末年已经在民间广泛流传了，并产生了巨大的影响，乃至成为中国传统节日七夕节的一个民俗活动主题。

《男十忙》，是民国后期潍坊杨家埠年画作品。它集中展示了在农耕社会中，男人一年当中从事农业生产的情景。

"牛郎织女"的故事，为中国漫长而艰辛的农耕文化增添了许多浪漫和抒情的色彩。

病入膏肓的老牛不忍心他们妻离子散，便告诉牛郎在它死后，用它的皮做成鞋子穿上，就可以上天了。

牛郎穿上用老牛的皮做成的鞋子，挑着儿女追赶。眼看就要追上织女了。王母娘娘忽然拔下头上的金钗，在天空上划出了一条波涛滚

传说牛郎是南阳城牛家庄的一个孤儿，与哥嫂一起生活。他的嫂子马氏为人十分刻薄，经常虐待他。他被迫分家出来，靠一头老牛自耕自食。这头老牛很通灵性。

有一天，织女和诸仙女下凡游玩，在河里洗澡。老牛劝牛郎去取织女的衣服，织女便留在了凡间，做了牛郎的妻子。婚后，他们男耕女织，生了一儿一女，生活十分美满幸福。

不料，天帝查知此事，命王母娘娘押解织女回天庭受审。当时，已经

一架古老的纺花车，静静地伫立在时光深处。它"嗡嗡"的旋转声，仿佛在记忆里讲述一个淳朴而美丽的童话。

滚的银河。牛郎无法过河，只能在河边与织女遥遥对泣。

他们坚贞的爱情，感动了喜鹊。无数只喜鹊飞来，用身体搭起了一道跨越天河的彩桥，让牛郎织女在天河上相会。王母娘娘无奈，只好允许牛郎织女每年七月七日在鹊桥上会面一次。

《女十忙》，是民国后期潍坊杨家埠年画作品。它集中展示了在农耕社会中，女人在一年当中所从事农副业生产的情景。

牛郎与织女，其实是中国封建社会几千年历史中广大农民的象征。如同这个古老而美丽的传说，漫长的农耕文化，培养出了农民家庭勤劳朴实、安身立命的忠厚家风。

◎科举制的形成与发展

作为耕读文化另一个基础的科举制度，则是在隋、唐时期才开始产生的。中国古代选拔人才，秦朝以前的商、周时代，主要是贵族世袭制。战国时期诸侯纷争，由于受到"得人才者得天下"的观念影响，曾出现过下级士族及庶民大量登上政治舞台的现象。

耕读文化的产生，使很多平民子弟通过科举考试改变了自身及家庭的命运。寒窗苦读，成为古代知识分子的真实写照。

汉代，主要实行"察举制"，就是定期由郡国长官听取下级的意见，考察辖区内的人才，举荐到中央去做官。到了魏晋南北朝时期，"察举制"演化成"九品中正制"，察举大权完全掌握在各地的豪门世族手中，以致弊端丛生，出现了"上品无寒门，下品无世族"这种非常有碍于人才发展的消极局面。

隋朝统一中国后，废除了地

科举制度，已经渗透到古人生活的方方面面。这是过去北方民间木版年画"五子登科门神"。

方豪族把持察举的特权，"九品中正制"逐渐废除。开始试验由中央设科目、地方举人才，经考试后入仕的做法，这是科举制度的开端。又因为隋炀帝喜欢文学，他始设的"进士科"，后来成为科举考试中最重要的一科。

中国古代科举制度的产生，是时代的骄傲。科举制度所坚持的"自由报名，统一考试，公平竞争，择优录取，公开张榜"的原则，打破了血缘世袭关系和世族对政治的垄断，对我国古代社会的选官制度是一个直接有力的改革。

科举制度为中小地主阶级和平民百姓通过科举入仕，提供了一个公平竞争的舞台。它在使大批地位低下和出身寒微的优秀人才脱

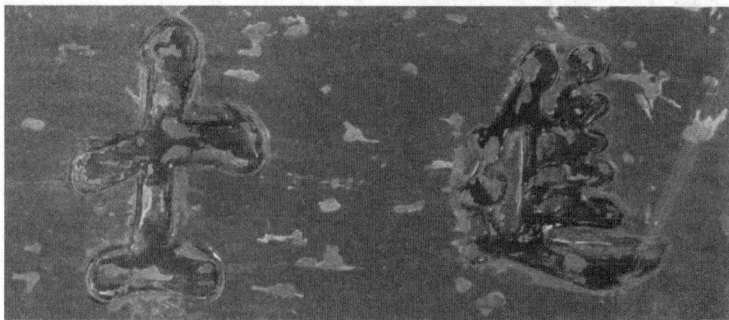

在科举制度中，"进士一等"多数可官至宰相。所以，"进士科"又被人们称为"宰相科"。

颖而出的同时，也扩大了封建统治基础。

唐代实行的科举制度还是初级阶段，考试科目烦琐，有常科、制科两大类，内分 90 多个小科。同时，唐代还采取了分级考试制度。

相比之下，宋代常科的科目，比唐代大为减少。其中，"进士科"仍然最受重视，进士一等多数可官至宰相，所以"进士科"又被称为"宰相科"。

宋代初期，科举仅有两级考试制度。一级是由各州举行的取解试，另一级是由礼部举行的省试。

后来，宋太祖为了选拔踏实本分且拥有真正才干的人来担任官职，为其服务，于开宝六年（973 年）实行殿试。

在古代的不少学子当中，也有不少投机取巧者。他们为了获取功名不择手段，这些抄写在袜子上用来作弊的夹带，令人大跌眼镜。

149

殿试以后，不用再经吏部考试，直接授官。宋太祖还下令，考试及第之后，不准对考官称师门或自称门生。这样，所有及第的人都成了天子的门生。

从此以后，殿试成为科举制度的最高一级考试，并正式确立了州试、省试和殿试的三级科举考试制度。

宋代的历任皇帝，几乎都以奖掖孤寒、抑制世家而自诩。他们采取了一些特别的举措，以此来限制富家子弟入仕。

比如宋仁宗在位期间，实行的科举政策里面就有这样两条：一是规定士子必须在本乡读书应试，因而地方普设各级学校；二是工商业者和他们的子弟不得参与科举考试，而只允许士、农参加。

从客观上说，这就给了平民子弟更多崭露头角的机会。宋代不但出现了"平

"状元及第"是古代每一个读书者的梦想。科举高中，不仅意味着一个人仕途的开始，也是一个家庭或家族永续发展的资本。

民"状元，而且很多普通百姓子弟通过科举改变了自身及家庭的命运。这也进一步促进了耕读文化的发展。

明、清时期，科举制度已经非常完善。科举考试分为乡试、会试、殿试三级。乡试每3年一次，在各省省

这是明代一位佚名画家笔下的《科考图》。通过这幅画的局部，能够真切地感受到古代科举考试戒备森严的场景。

城举行。乡试又称"大比"，因为考试时间定在秋季，故又称"秋闱"。乡试考中的称"举人"，第一名称"解元"。放榜之后，由巡抚主持"鹿鸣宴"。

会试是在乡试后一年举行，考中的称为"贡生"，俗称"出贡"，别称"明经"。第一名称为"会员"。

殿试在会试后同年举行，应试者为"贡生"，由皇帝亲自主持，只考"时务策"一道。录取分为三甲：一甲取3名，赐进士及第，第一名称"状元"，第二名称"榜眼"，第三名称"探花"，合称"三鼎甲"。二甲赐进士出身，三甲赐同进士出身，二、三甲第一名都称"传胪"。进士榜都用黄纸书写，所以叫做"黄甲"，一般也称为"金榜"。中进士，则称为"金榜题名"。

中国历史上的科举制度，从隋、唐开始施行，直到清末废止，期间除了蒙元初期的几十年停止了一段，一直沿用了1300多年。

虽然那时开科取士不是入仕的唯一途径，但是大部分人才都是通过科举考试选拔出来的。科举考试，使大批天下寒士俱欢颜，浩浩荡荡地奔赴京城。它打破了豪门世族对政权的垄断，使官场知识结构产生了极大的变化，这也是历史的一大进步。

金榜题名，是古代学子们最为荣耀的时刻。因而，人们把"洞房花烛夜，金榜题名时"视为人生至喜。这是清朝光绪年间的金榜（局部）。

中国传统记忆丛书

圖説
老家風

在漫长的科举历史上，曾产生了一大批治国安邦的名臣、名相和雄才大略的政治家，以及众多有杰出贡献的思想家、文学家、教育家、外交家等，如唐代的王维、柳宗元、刘禹锡、柳公权，宋代的欧阳修、王安石、司马光、朱熹、包拯、寇准，明代的张居正、海瑞、徐光启，清代的纪晓岚、刘墉、林则徐、翁同龢、蔡元培等政治、文化名人，他们都出自状元、进士和举人之中，都是中华民族的英才。

在1000多年的科举历史上，曾诞生了一大批治国安邦的名臣。一心推行变法的王安石，便是其中之一。

◎耕读先贤与耕读世家

在科举制度与农耕文化并存的1000多年时间里，不可避免地孕育出了符合中国传统社会形态的耕读文化。耕读传家，成为传统社会里众多家庭崇尚和追求的目标。

当然，在科举制度未形成之前，即隋、唐以前，耕读文化已经开始显露出一些端倪。如三国时期蜀汉丞相诸葛亮，青年时耕读于荆州襄阳城郊，还有晋代归隐田园的大诗人陶渊明等。

只是，他们的耕读目的不是为了"科举入仕"，而是因为不愿做

一千多年以来，"耕读传家"的生活方式，成为中国传统社会里众多家庭崇尚和追求的目标。

明代著名科学家徐光启，是从耕读文化脱颖而出的佼佼者。他为后世留下了许多宝贵的发明，以及农学巨著《农政全书》。

官，或者还不能做官，暂时隐居田园，过着"日入开我卷，日出把我锄"的耕读生活。

这种耕读方式，即使以后在科举制度盛行的年代，仍有不少知识分子，因为各种不同的原因，选择隐居田园，并成为"耕读传家"的先贤。

比如南宋著名词人辛弃疾，在他被迫退出官场的 20 年中，他一直居住在江西农村，过着耕读生活。他把上饶带湖的新居命名为"稼轩"，并自号"稼轩居士"。辛弃疾非常重视农业劳动，他说："人生在勤，当以力田为先。"因为对耕读生活有着深刻的体验，所以辛弃疾创作了不少反映农村生活的诗词。

明代科学家、政治家徐光启，在 19 岁中秀才之后，他一边教书，一边下地劳动。43 岁时，他才中进士。在朝中为官时，因为受到排挤，他在做官的 29 年里，有 13 年时间是在进行农业试验与研究，并为后世留下了一部宝贵的农学巨著——《农政全书》。

清代著名学者、书法家包世臣，自幼跟父亲边劳动边读书。每天很早起床读书，早饭后下地劳动，晚上读书到深夜。他 30 岁时中举，在官府当幕僚，仍然关心农业生产，亲自推广农业生产技术。

在古代很多知识分子的眼里，认为耕读结合是一件很高尚的事情。

南北朝时期教育家颜之推在《颜氏家训》中说，如果只读书，不了解农业，不参加劳动，结果将"治官则不了，营家则不办"。只有通过农业劳动来体味人生，才能当好官，治好家。

颜之推要求子弟们应学习一技之长，以自立为本。他说："人生在世，会当有业。"意思是说，无论从事什么职业，都要有专门的技能，才能自立于社会。他还告诫后代说："积财万千，不如薄技在

"耕田而食，读书做人"的耕读生活方式，是形成敦厚、淳朴家风的坚实基础。

身。"学有一技之长，才能随时随地地自立于社会。

清代著名学者张履祥特别倡导耕读结合的生活，他也是一位耕读结合的践行者。他的隐居生活以教学为主，但也亲自参加农业劳动。他最擅长的农活是修剪桑树，连当时有经验的老农也比不过他。实践使他在农业生产技术和经营管理方面积累了相当丰富的经验。

后来，他在其所撰的《补农书》总论中，详细地论述了耕读的关系。他说："人言耕读不能相兼，非也。"他在书中批评了两种人：一种人是整天无所事事，闲荡度日，不去读书学习知识的人；另一种就是常年累月，为文章所累，不参加农业劳动的人。他认为耕与读必须结合，这才是一种对人有裨益的生活。

153

"富不过三代"，这是在中国民间流传已久的一句俗语，其中蕴含着很深的哲理。但对耕读世家来说，这一俗语通常并不适应。

一般人家，纵有大富小康，若无严谨家风，或者不重视家庭教育，那么富不过三代、两代都很正常。因为威而戾，骄而躁，富而淫是人性普遍的弱点，自

清代著名学者张履祥在其撰写的《补农书》里面，详细地论述了耕读的关系。他坚持认为，耕读结合才是最有意义的生活方式。

耕读文化，几乎渗透到中国传统社会的每个细节当中，在民间艺术作品中尤为常见。这是民国时期牙雕艺人采用象牙雕刻的"渔樵耕读"摆件。

然不能持久。而耕读世家，以数代读书相传，并且自营田地，一边知生存之不易，一边知礼法不可缺。一代告知一代，鲜有败家子弟。

当"耕读传家"的家风成为一种美德时，倡导耕读的家训，便成为传统社会中的一种风尚。

许多家训都要求子弟耕读并重，学些技术、手艺，以便自食其力，自立于世。南宋诗人陆游训诫子孙们说："时时语儿子，未用厌耕锄。"

明代著名大臣霍韬在其撰写的《渭厓家训》中，详细论述了子弟参加农耕的重要性。他认为"幼事农业，则习恒敦实，不生邪心"。他还主张乡村学校的先生，应该考核学生从事农业生产的情况。凡是耻于耕作者，应予以体罚，如果连犯3次，就将其开除"学籍"。

清代文学宗师纪晓岚在教育子女时，特别强调耕读结合。他甚至将农业视为诸业之首，颇有创意。

清代文学家纪晓岚，在写给儿子的家书里面，多次提及耕读的重要意义。他甚至颠倒了自古以来"士、农、工、商"的排列次序，向儿子灌输"农为四民之首,士为四民之末"的崭新观念。

牟国珑（1645~1713年），是清代赫赫有名的大地主牟墨林（牟二黑子）的高祖父。他少年时发愤读书，立志为官。人近中年，他考中进士，任河北南宫县知县。他为官非常廉洁正直，深得地方百姓爱戴。但后来，终因不避豪势、刚正不阿，得罪了朝中权贵，被罢免了官职。

坚守"耕读传家"的家风，是牟氏家族兴起的一个重要原因。这是牟氏庄园内供奉的先祖牟国珑的画像。

155

隐居乡野之后，他产生了重农轻官的思想，并确立了"耕读世业，勤俭家风"的传世家训。他告诫后人要努力读书，但不要以做官为目的，要善于农耕，会持家。

在牟国珑的倡导之下，牟氏家族从千军万马独木桥的求仕道路上来了个一百八十度大转弯，开始把精力投入到黄土地上。在经历了几代小地主家业之后，到十四世牟墨林时，终于暴发成为闻名整个胶东地区的大富家族。坚守"耕读传家"的家风，是牟氏家族兴起的一个重要原因。

家风，是家庭或家族文化最为核心的组成部分，是维系家庭或家族昌隆的内在精神力量。它在一个家庭或家族的发展、繁衍中，起着举足轻重的作用。

在一个家庭或家族里面，必须要有严肃的家训、家规。正所谓无规矩不成方圆。有严肃的家训、家规，才能有严谨的家风。

在传统家训中，长辈经常以祖先为榜样，教育子女

少而有志的小牧童，一边放牛，一边读书，他是否也受到了耕读家风的熏陶呢？

不能让祖先蒙羞。这种挟祖先以训教子女的方法，旨在提醒子女对家庭或家族所承担的责任。子女们必须谨记，若有功业，则是几代人努力的结果。

历史上的耕读世家不少，最著名的当属清代的曾国藩家族。曾国藩正是由于其祖上几代耕读的积累，才滋养出这位晚清肱股大臣。

曾国藩发迹之前，曾氏家族一直在湘乡过着半耕半读的农家生活。亦耕亦读，勤俭持家，敬祖睦邻，是曾家持家立业的基本生活理念和世代相传的传统。

晚清重臣曾国藩，是耕读文化的践行者。他的教子与治家经验，至今仍被人们所推崇。

后来，曾国藩名动天下，可谓称侯拜相。而且他的几个弟弟也被朝廷封为大官，整个家族可以说是荣华富贵到极处。可是，曾国藩却时时处处谨守着曾家传承下来的家训，生怕辱没门风。

曾国藩对自己的家人要求甚高，赢得了"道德文章冠冕一代"的美誉。他也成为中国封建社会最后一尊精神偶像，其高度无人可及。

他再三告诫自己的子孙后代，必须半耕半读，勤俭持家，以继承祖先的优良传统。读书是为了明理，耕作是为了去实践去力行，讲究的是知行合一。

勤俭持家、孝悌传家，是一个家庭发展的基石。这是清代画家冷枚笔下的《农家故事图》。

所以，曾国藩要求子孙们亲自参加打草、捡柴、插禾、锄地、收割等农事劳动。不许他们仗势欺人，自己的事情自己做。即使家里有奴婢，子孙们也不能够随便差使。

曾国藩对自己的几个弟弟

也有这样的叮嘱，他说：从古到今，官宦人家，大多只有一二代就享尽荣华了。主要原因是子孙后代开始骄横跋扈，紧接着就荒淫放荡，最后就落个抛尸野外的下场；而那些做生意买卖的富家子弟，其中，能勤俭持家的，可以延续三四代；耕读传家的，能够谨慎质朴，这个能延续五六代；孝悌传家的，可以绵延十代八代。

耕读文化，已经成为一个历史的名词。但是，它所倡导的那种勤俭、淳朴的精神却深入人们的记忆。这幅刺绣作品，不是在隐隐地散发着耕读文化的遗风吗？

晚清的另一位重臣左宗棠，也非常注重耕读家风的传承。他曾经写下"纵读数千年奇书，无实行不为识字；要守六百年家法，有善策还是耕田"的楹联，悬挂在宗祠内，以警示本族的子弟，继承耕读家风。

尽管左宗棠身居督抚要职，也有着丰厚的俸禄，却始终教导子女从寒苦艰难做起，以使他们能够保持耕读家风。

他在给长子左孝威的信中说："读书时候，能苦心力学，做一明白秀才，无坠门风，即是幸事。"

耕读文化，是中国传统文化中不可或缺的一部分。它对中国古代的农学、科学、哲学等诸多方面，都有着巨大的影响。它使知识分子的思想更加接近劳动人民，并养成务实的作风。

随着时代的不断变迁，耕读文化的意义也在或深或浅地发生着转变。它从最初的"耕以致富，读可荣身"，发展到后来的"耕以养身，读以明道"，耕读文化的精神内涵在无限升华。

现代，随着乡村的城市化发展，耕读文化已经淡出人们的视野。但是，耕读文化所倡导的那种谦谨质朴、不畏劳苦、奋发努力、知行合一的精神，却是现代家风永远都不能丢弃的！

157

第十二章
传承家风，立志成才

　　家风是一种潜在的力量，它对于一个家族或家庭的健康发展与传承是至关重要的。尤其是在教育和培养下一代方面，家风就像是一个无形的"模具"。有什么样的家风，往往就会在下一代的身上烙上什么样的气质。

　　优良的家风，会使下一代受益无穷；而家风沦丧，就会使下一代养成任性自私、好逸恶劳、追求奢华的坏脾气。这也是"纨绔子弟""败家子"等贬义词经常在我们面前出现的一个主要原因。

◎古代"败家子"从何处来

　　古人云："修身齐家治国平天下。"这就是说，修身是一个人，

　　一个人欲想在社会上有所作为，就必须树立起远大的志向。"鹰击长空，大展宏图"，是我国民间艺术作品中歌颂志向的常见作品。

一个读书人，一个想成为堂堂君子之人成才的第一道门槛。

那么，修身的第一要务是什么呢？

答案只有两个字：立志。

儒家学派创始人孔子曾经说过："三军可夺帅也，匹夫不可夺志也。"人无志，则没有目标；没有目标，修身则成了无源之水。所以，凡修身，必先立志。志存高远，则心自纯洁。

"抓周测志"，是我国民间各地常见的一种育子习俗。其实，这一习俗表达了长辈们对孩子成长与未来的美好期望。

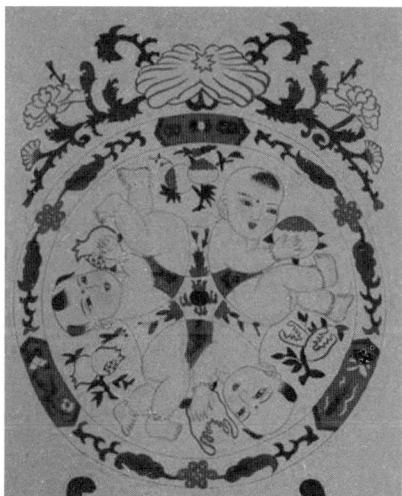

志向作为一种精神统帅，标志着一个人存在的尊严与价值取向。它能够激发人们的意志和激情，产生一种强大的精神动力，激励人们以积极、主动、顽强的精神投身于生活与事业。

家风，是一个人立志与成功的重要精神源头。有什么样的家风，往往就会有什么样的做人、做事的态度。对于不少人来说，家风甚至会影响和决定着他们的一生。

159

民间传统年画"六子争头"，设计巧妙，内容活泼生动。它含有积极向上、不甘落后的深层寓意。

有着优良家风的家庭，在教育子女时，能够将爱转化为言传身教的做法，教育子女明事理，尚善德。反之，一些家庭条件优越的官宦人家，不但不对子女进行家教家风的约束，反而是娇生惯养、言听计从，甚至是"变本加厉"，结果"教育"出一个个没规没矩、飞扬跋扈的"官二代"富二代"，在社会上惹是生非。

而在我国古代社会，人们在背地里，将那些骄奢淫逸、

那些整日游手好闲、过着花天酒地生活的纨绔子弟们，其结果往往会导致一个家庭或家族的衰落与败亡。

横行霸道的"官二代"称之为"衙内"。

"衙内"又称"牙内"，起源于唐末、五代时期。那时候天下大乱，藩镇割据，军阀蜂起。军阀的警卫或嫡系部队的军官称为"牙内都指挥使""牙内都虞侯"等。这类军官，必须是军阀最信任、最亲近的人担任，至亲莫如父子。

后来，人们便将"牙内"改称为"衙内"，用以统称官宦人家的子弟。到了宋朝时，人们习惯把"官二代"称之为"衙内"。历朝历代的恶少衙内，如毒蛇猛兽般生生不息。

东晋时期，社会爆发了大动乱。那些曾经过着花天酒地生活的士族子弟们，连挖野菜充饥的本领都没有，只好披着精美的衣服，抱着价值连城的金银珠宝，坐以待毙。南北朝时期南梁的士族子弟，四体不勤，五谷不分，只知道享受特权。他们看到了马之后，以为遇见了老虎。马一叫一跳，竟然把他们吓得要死。

南宋孝宗时期，大臣李彦颖之子游手好闲，甚至闹市中杀伤人命，最终牵连其父贬官免职。秦桧的子孙，则自恃祖上权重，多有不法。其孙女所爱的狮猫亡失之后，此女竟然令临安府尹查找。临安府三班六房齐出动，画了猫像，满街张贴，大街小巷，遍处找寻。养猫之家，都得抱着猫去都监府前排队，等待登记、查验。

宋朝的社会风气逐渐败坏，以至灭亡，跟那些穷奢极欲的"衙内"们有着直接或间接的关系。

清末的八旗子弟，是一个不务农，不经商，不工作，但仍可以从满清政府拿"高薪"的特权阶层。7岁以上即食全俸，6岁以下为半口，减半给粮。

按照满清政府的规定，他们一个月发一次工资，最低的步兵1.5两白银，骑兵3两白银，护军、前锋4两白银，到了校尉就是60两白银了。另外一个季度发一次通州仓库里面的陈米，一个骑兵是4石8斗。这还不算，在北京郊区每个旗丁还有30亩土地，这些土地是不用缴纳任何税费的。他们自己不打理土地，一般都是雇佣汉族佃农耕种。八旗子弟们每天闲待着，还领着不错的工资。

这些衣着光鲜的八旗纨绔子弟们，因为衣食无忧、不思进取，有很多都沾染上了吃喝嫖赌的恶习。

他们一个个只知道赌博冶游，声色犬马，整日游手好闲。每年，清政府国库一半的收入都干了这个。到了清朝宣统年间（1909～1912年），据史料记载，仅北京城里就有八旗子弟236771人，占了全城人口的三分之一。

他们或"位尊而无功，奉厚而无劳"，成为坐享其成、骄奢淫逸的纨绔子弟；或不思进取、浑浑噩噩，一事无成，断送了父辈的清名与财富。最终，成了拖死大清帝国的"大包袱"。

身居富贵，且背有靠山的人，往往会滋生骄横之心。骄横的人又很少愿意活得低调，不肯低调生活的人就难免生出诸多怨恨，怨恨多了，就极容易惹是生非。

161

西汉经学家匡衡在年轻时，立志苦学，终有所成。他"凿壁偷光"的故事，也成为后世年轻人学习的楷模。

对父母来说，宠爱子女是人类之通病。很多父母明明知道宠爱子女不好，也过不了感情这一关。他们还是会以亲情为由宠爱孩子，包庇孩子，乃至孩子闯祸之后，还替孩子上下打点，竭尽全力为其开脱。

父母既然愿意为孩子的错误承担无限责任，那么惯出败家子之后，败家子把家业给"败"了也自在情理之中。由此可见，要想教育好"官二代"，最根本的还是要从家风着手。

◎ 名门望族的教子立志之道

一个人有什么样的志向，将决定这个人成为什么样的人。人如果不立志，就会丧失前进的目标与动力，从而碌碌终生。立什么志？三国时期的大军事家诸葛亮曾经说过："志当存高远。"

家庭是人生的第一学校，父母则是孩子的第一任老师。因此，父母应该抓住这个教育的契机，惮精竭虑，教化子女，并帮助他们树立起远大的志向。

南北朝时期的著名文学家、教育家颜之推，非常强调对子女进行立志教育。"勤奋学习，以成有用之才"，是他在家庭教育上的一个重要主张。他认为，自古以来即便是圣明的君主，也需要勤奋学习，更何况是一般人呢？

颜之推教育子女们说，父兄不能长期依靠，家中的财产是不能永远保持下去的，一旦遇到不测之祸，不得不背井离乡，就没有人庇护。因此，最有效的办法，便是自己靠自己立足于世。谚语说："积财千万，不如薄技在身。"而在技艺中容易学习和最有用途的，莫过于读书。

对子女们的学习方法和学习态度，颜之推所表达的思想也弥足珍贵：他认为人的一生都要立志学习，应该珍惜时光。幼年时早教非常重要，少年时也不能浪费学习的时机。如果早年失学，以后一定要找机会努力学习，不可自暴自弃。只要肯努力学习，一定能取得"开心明目"的效果。

颜之推还认为，一个人在年轻时精力旺盛，是学习的最好阶段；晚年学习则艰难了许多，犹

"鲤鱼跳龙门"，是一个与志向有关的美丽传说。每个家长都希望自己的孩子能够跳过"龙门"，成就一番大事业。

如举着灯烛夜行，但这也要比虚度时光强。历史上有许多人，都是晚学而获得成就的，如荀子、公孙弘、朱云等。因此，他教育子女要活到老学到老，立志苦学而成为有成就的人。

宋代大文学家欧阳修，在教诲其子要立志苦学的训诫中指出："玉不琢，不成器；人不学，不知道。然玉之为物，有不变之常德，虽不琢以为器，而犹不害为玉也。人之性，因物而迁。不学，则舍君子而为小人，可不念哉？"

这段话的大意是说，玉和人的相同之处，在于都要经过雕琢磨砺才能有所作为。不同的是，玉虽然不雕琢，但玉的本性永远不会更改。然而，人的习性是最容易受外面物质环境影响的，若不能时刻砥砺自己提升学识修养与品德内涵，就会舍君子而为小人了。我们能不常常铭记吗？

有志向的人，自然能刻苦用功，成就学业；操行未立的人，自我放纵、堕落和散漫，自然会沦为平庸之辈。

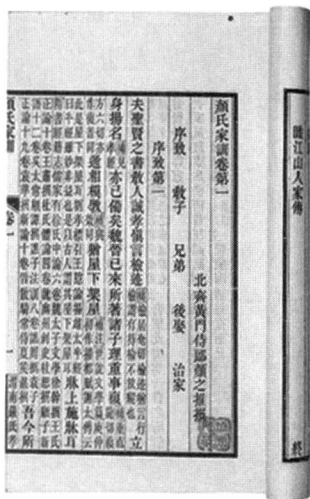

南北朝时期的著名教育家颜之推在其撰写的《颜氏家训》里面，针对子女们的立志教育，做了详细的论述。

北宋大文学家欧阳修，自幼志向高远。他在功成名就之后，非常注重对子女的家庭教育，要求他们必须立志苦学。

嵇康是三国魏晋时期著名的思想家、文学家，是曹操的曾孙女婿。作为"竹林七贤"的主要代表人物之一，他深谙世态炎凉，其《家诫》屡屡将君子与凡夫俗子相对照，并以后者为戒，告诉子女立身、行事、做人、治学的道理。

他忠告后辈，做人

首先要立志。他说："人无志，非人也。"意思是说，人是不能没有志向的。那些庸庸碌碌、头脑简单，从不知思虑，更不知生活要义的人注定不会尽显"社会人"的功能，只能将其归为"会直立行走的动物"。

"竹林七贤"之一的嵇康，在教育子女时说，一个人若没有志气，就称不上是一个真正的人。这是民国时期的杨柳青年画作品。

自古以来，一切有远大志向者，无一不惜时如金。西汉时期的论文集《淮南子》云："圣人不贵尺之璧，而重寸之阴。"唐末诗人王贞白在《白鹿洞》一诗中更有"一寸光阴一寸金"的妙喻。

据说，北宋著名政治家、文学家司马光在年轻时，曾以圆木做成枕头。他读书困倦时，就枕着圆木睡觉。只要一翻身，枕木就会滚走，人就会惊醒。他使用这种方法来强制自己，挤时间来刻苦学习。

裴炎是唐中宗时期的宰相。他少年时进入弘文馆学习，便发奋读书，珍惜每一天的时间。每逢馆学休假，其他的生徒们都出去游玩，只有裴炎还在课堂里坚持学习。他的学业进步很快。一年后，有关部门便准备推荐他出来做官，可他却认为自己的学业还不够扎实，便婉言谢绝了。他在弘文馆一学就是10年，博览群书，尤其精通《左传》《尚书》。在后来的科举考试中，他中了明经，历任兵部侍郎、侍中、中书令等官职。

"愚公移山"的精神，是中华民族为实现伟大志向而艰苦奋斗、不懈努力的一种真实写照。这是一件民间雕刻的"根抱石"作品。

时间对所有人来说都是公平的。如何善用时间，让自己的一生更加精彩，却取决于每个人对时间的珍视，对生命的珍视。

家风是一种内在无形的力量，在日常生活中潜移默化地影响着孩子们的心灵，塑造着孩子们的人格。它是一种无言的教育、无声的力量，是最基本、最直接的教育。它对孩子们的影响是全方位的，孩子们的世界观、人生观、性格特征、道德素养、为人处世及生活习惯等，每个方面都会打上家风的烙印。

南宋宰相张浚的母亲计夫人，端庄正直，治家很有办法。他的丈夫曾在华州做官，很早就去世了。计夫人25岁那年，父母要求她改嫁，她却坚决不答应。

西汉名臣朱买臣，40岁时仍是一个落魄儒生。他一边砍柴维持生计，一边苦学不辍，后来终有所成。因此，他也成为后人勤奋学习的榜样。

当儿子张浚开始会说话的时候，计夫人便叫他诵读父亲生前写的文章；当张浚记事的时候，母亲便告诉他父亲的言行。对于儿子的品德教育，计夫人没有片刻的疏忽。

所以，张浚虽然年幼，却行为正派，坦诚正直，这都是他母亲教育的缘故。张浚成年以后，到国家设立的学校去读书。计夫人在送他的时候，流着眼泪说："我们家门户微寒，就看你有没有出息了，你应当把祖父和父亲的事业挂在心头。"之后，计夫人还写了数十条诫语送给儿子。后来，张浚做了官，地位显贵。

南宋宰相张浚幼年丧父，母亲计夫人对他严加教育，使他少年时即树立起大志。他发奋学习，长大之后成为一代名臣。

晚清重臣曾国藩，对后辈的教育相当成功。他不仅要求两个儿子从小立志，勤奋学习，而且对几位兄弟的读书情况也十分重视。

常言道："身教重于言教。"榜样的力量是无穷的。曾国藩用自己的实际行动，为子孙们树立起了学习的榜样。

曾国藩一生与书结下了不解之缘。他除从政、治军之外，读书、买书、藏书、著书，是他一生最大的嗜好。曾国藩一生著述颇丰，集家书、诗文、联语、奏疏等共有128卷。受曾国藩的影响，他的后人也喜爱读书、买书、藏书和著书，并且大都学有所成，成为对国家和社会有用的栋梁之才。

曾国藩曾撰写了一幅十分警策的自勉对联："不为圣贤，便为禽兽；莫问收获，但问耕耘。"此联发人深省，堪为立志苦学的读书人的座右铭。

魁星点斗，是古代每一位学子梦想达到的目标。对魁星的崇拜，或许是一种对志向最直白的表达吧！

曾国藩在给兄弟的家信中，曾由衷地称赞婺源的汪双池。30岁以前，汪双池在瓷窑上为人家打工画瓷碗；30岁以后，在私塾教学到老。他终身不参加科举考试，却最终著书100多卷，成为当朝为数不多的名儒。曾国藩赞扬汪双池未入仕途，一生读书写书，为后世留下了宝贵的精神财富。尤其是他"立志有恒"的精神，更是值得世人学习。

浓厚的治学家风，是培养孩子们性情与熏陶孩子素养的重要方面。热爱学习、崇尚知识，让家庭充满学习的氛围，这是一种智慧的追求。孩子们在这种良好家风的影响之下，久而久之，也会变成知书达理的"绅士"或"淑女"。

晚清重臣左宗棠在青年时代立志苦学，在入仕之前经历十分坎坷。因此，他功成名就之后，经常勉励儿孙立志读书。

晚清时期的另一位重臣左宗棠，在勉励儿孙立志读书方面，也有独到的见解。在左宗棠与儿子左孝威的来往书信中，他多次强调说："至科第一事无足轻重，名之立与不立，人之传与不传，并不在此。"

他要求儿孙立志苦学，但不要以科举为目的去读死书，应该多读一些有用的书籍。他还进一步强调说："诸孙读书，只要有恒无间，不必加以迫促。读书要明理，不必望以科名。"

左宗棠正确对待读书与科名的关系，他的观点是颇有灼见的。左宗棠在青年时代，立志苦学。他在参与科举的同时，更加倾心于经世之学。正因为博览群书，左宗棠才有了满腹的文韬武略，为他后来的军政活动带来了巨大的帮助。所以，他希望儿孙们能够效法他的读书方式，不要为了追逐科举功名而去读死书。

人生，是一个不懈追求的过程。只有树立远大的理想，才会有更加美好的前程。

读书与做人，实质上是相互包容的。左宗棠的言传身教的做法，对左氏家族的儿孙成才，以及家族可持续发展都奠定了坚实的基础，也是值得今人借鉴的。

家风，对一个人，一个家庭，乃至一个家族的影响都是整体和全方位的。尽管有时候它看起来那么普通，但却能够通过言传和身教，令家庭或家族中的每个成员都刻骨铭心。

无论现实多么复杂多变，人们的价值观如何变化，家风都是不容忽视的。在中国传统文化中，家风就像是一棵棵参天大树，呵护着每一个家庭健康成长，促进社会美德的传承，并坚守住国风的本色！

第十三章
清白家风，扬名后世

勤俭是中华民族的优良传统。面朝黄土背朝天，我们的父辈在这片眷恋的土地上洒下了无数的汗水与心血。

中华民族是一个注重勤俭节约的民族，自古以来就形成了热爱劳动、吃苦耐劳、诚实勤奋的优良品质。

俭，是一种行为，也是一种品德。对于"俭"，古人有很多论述。中国现存最早的皇室文献《尚书·大禹谟》中提到"克勤于邦，克俭于家"，意思是说在国家事业上要勤劳，在家庭生活上要节俭。

道家学派创始人老子曾经提出为人处世之"三要诀"："一曰慈，二曰俭，三曰不敢为天下先。"他把"俭"，作为为人处世的原则之一。

儒家学派所倡导的君子之德，即"温、良、恭、俭、让"，把"俭"奉为一种基本的道德准则。

◎勤俭家风里的教子楷模

人败离不开一个"逸"字，家败离不开一个"奢"字。

历览诸代的兴国、兴家之史，皆由克勤克俭促成。而衰败废亡之因，则皆由骄奢淫逸所致。

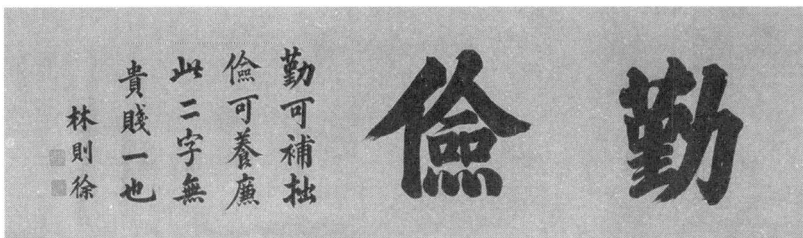

勤

儉

勤可補拙
儉可養廉
此二字無
貴賤一也

林■則■徐

一个家庭的发展，一个国家的昌盛，都离不开"勤俭"二字。这是清代著名大臣林则徐的手迹。

古代不少明君贤臣，都能够从治国安邦的高度，充分认识到勤俭美德的价值。在春秋末年鲁国史官左丘明撰写的《左传》里面，记载了这样一件事情：

春秋时期鲁庄公二十四年（公元前 670 年），春节刚过，清明将至，鲁庄公即大张旗鼓欲重新装修、雕饰先王鲁桓公的灵庙。鲁国大夫御孙认为不妥，于是谏曰："俭，德之共也；侈，恶之大也。"同时，御孙还认为，鲁庄公如果这样做，实际上是在先人的"大德"中注入了"大恶"，不但不能取悦先人，反而是辱没了他们。

古人治国理政强调禁奢崇俭，既出于经济的原因，更考虑品德与政治的因素，所谓"不勤不俭，无以为人上（治理百姓的官吏）也。"

即使在当今之世，奢俭问题仍然是反映当政者素质与品德的重要标志之一。从国家的兴衰来看，古人认为能否做到勤俭，是关系到国家生存败亡的大事，容不得半点忽视。

在先秦墨家学派著作总集《墨子》一书中，则概括指出了"俭节则昌，淫佚则亡"的道理，而历史也总是在印证着这句话。

隋文帝杨坚建国之后，他崇尚节约俭朴，带头不穿华丽的衣服，不摆豪华的陈设；受灾之年，他不食酒肉，还亲自为灾民谋划生路，同时奖

穷奢极欲的隋炀帝，将父辈的训诫忘得一干二净，最终将江山基业断送在自己的手中。

一个人勤俭美德的养成，需要从小开始培养。这幅以农业生产为背景的农民画，生动地反映出了这个主题。

励生产。在不长的时间里，隋朝国库变得殷实，社会出现了空前繁荣的景象。

然而，他的儿子隋炀帝一朝大权在握，则骄奢淫逸，搜刮民脂民膏，修建大运河，游山玩水。结果，隋炀帝很快就把老子辛苦一辈子创下的江山给断送了，自己也没落得个好下场。

对于一个家庭或家族来说，勤俭则是"修身齐家"的必备基础。提倡勤俭持家是我国古代家训中的一项重要内容，而且往往排在最前面。宋代以后的家训、族规中，多有"劝勤俭""戒骄奢"的条目，向后人阐述"耕读为本，勤俭持家"的道理。同时，还提出了骄奢能败家亡身的警告，劝谕子孙族人克勤克俭、戒骄戒奢。

家风是一种综合性的教育，传承了优秀的家规家训。俗话说："栽什么树苗结什么果，撒什么种子开什么花。"正派的家风，对于子弟、家人良好道德品行的形成和巩固有着重要的影响。

梁朝时中书令徐勉，一生身居高位。他严于律己，秉公办事，节俭不贪，不置办家产。他的门客和老朋友中有人劝他为后人置点家产。他却回答说："别人给子孙留下财产，我给子孙留下清白。子孙如有德能，他们自会创立家业；如果他们不成材，即使我留下财产也没有用。"

后来，徐勉的子女们都成为远近闻名的贤士。

唐朝的卢承庆博学多才，曾身居宰相之要职。临终时，他如此交代儿子："我死后要穿平常的衣服入殓，不要用牲畜祭奠，坟墓的高度只要能辨认就行了，不要过于高大宽广；只用棺材，不需要用棺外椁，那样太浪费了；碑文只记载官号和生卒年月，不要弄许多漂亮话在上头。"

这一番遗言，对他的子孙们来说，无疑是最刻骨铭心的言传身教。在旖旎繁华、生活富足的唐朝，官员能够如此俭朴平实、不尚浮华，绝对是有益世风的正能量。

唐代的柳公绰家族，可谓一门显贵。他与其弟柳公权、其子柳仲郢、其孙柳玭等皆至高官。柳家也以治家严谨而闻名于世，成为时人教育子孙的榜样。

柳公绰对子孙们的要求十分严格。一到灾荒年月，家中虽然储备甚丰，但摆在子孙们面前的，始终是一碟菜。他还经常让子孙们吃野菜，并对他们说："你们爷爷在世的时候，曾经因为我们兄弟学习不好，就不给我们肉吃。我终身没有忘记他老人家的教诲啊！"

听了之后，子孙们都很受教育。柳公绰试图通过这种方式，教育子孙一方面要勤俭持家，同时还要勤学苦读。

柳公绰家族是唐代的名门望族，因为每一位家族成员都谨记勤俭的家风，所以才会人才辈出，家业兴盛。

北宋著名政治家、文学家司马光，一生秉承勤俭的家风。为了教育好后代，他为子孙留下了《训俭示康》等宝贵的家训。

柳公绰还十分重视长幼之序。他在外任官时，一次其子柳仲郢前来看望他。柳公绰要求他在距离衙门很远的地方就要下马，以示对长辈的尊敬。同时，还要求他要尊重府中的职员，不要因为职位低而轻视他们，也要对他们行晚辈之礼。在严谨家风的熏陶之下，他的孙子柳玭后来还撰写了《诫子弟书》和《柳氏序训》，从做人到治家，集中体现了柳氏家风的精髓。

北宋政治家、文学家司马光，也十分重视对子女的教育。司马光为教育其子司马康，特意撰写了一篇脍炙人口的家训，即《训俭示康》。在这篇家训中，司马光强调"由俭入奢易，由奢入俭难"，教育司马康不求豪华奢靡，培养朴素节俭的美德。在他的教育之下，儿子司马康从小就懂得俭朴的重要性，并以俭朴自律、为人廉洁而流芳后世。

明代官吏姚舜牧，以理学而扬名于世。自明代中叶以后，姚氏家族逐渐发展成为名门望族，历经明、清两代而不衰。姚氏家族能够长盛不衰，除了历史的原因，跟姚舜牧所撰的《姚氏家训》的成功指导，也有着直接的关系。而在《姚氏家训》中，勤俭正是他首要强调的品德。

姚舜牧晚年时，子孙辈已经有数十人，加上家仆，姚家已经成为上百口人的大家庭。如此大的家庭，若没有基本规制的约束，恐怕难以为继。姚舜牧目睹了众多世家大族的兴衰，感触颇深。因此，他在家训中告诫后人，要提倡勤俭之道，反对荒惰、奢靡之风。姚舜牧认为，清白之家之所以能够代代相传，就在于勤俭持家。他常说的一句话是："人常咬得菜根，则百事可做。娇养太过的，好看不中用。"为了保持姚家的清白家风，姚舜牧经常利用家庭聚会的形式进行维护家风的教育。

《姚氏家训》规定：每月初十、二十五两天召开家庭会议，全家老小都要参加。会上，各人讲述半个月来劳动生活情况及所见所闻。然后，相互之间讨论生活中的得失，对那些不合道义、违背家风的行为，应该严加制止；对那些有助家风传承的良好行为，应该相互

"一粥一饭，当思来处不易"。勤俭持家，是祖辈留给我们的一笔宝贵的精神财富。

勉励，继续弘扬。这样，每个家庭成员都可以清楚自己身上的责任，牢记家训，从而规范自己的日常行为。因为坚守勤俭持家的家风，姚氏一族渐渐地成为了当时的名门望族。

家规家风是治家之道，是做人的标尺。传统家训在论及治家之道时，将"勤俭持家""严谨治家"和"忠厚传家"并列为三大"法宝"。

"一粥一饭，当思来处不易；半丝半缕，恒念物力维艰。"这是明代文人朱柏庐撰写的《朱子家训》中传诵很

母亲用一双勤劳的双手，撑起了家庭的半边天；母亲慈祥的笑容，给儿女们留下了许多永恒的记忆。

广的两句话。而《朱子家训》全篇所训诫的，主要也是"勤俭"二字。

古人告诫后人勤俭的同时，并未停留在累积家财的层面上，而是提出了更高的境界。虽然强调"勤俭"，不过许多家训中并不赞成"遗厚财给后世子孙"。相反，他们认为这样有害无益，因为子孙"贤而多财，则损其志；愚而多财，则益其过"。

沈鲤是明朝时的一位贤臣，他为人正直，为官清正，深得时人的爱戴。明神宗时，他在京为官，担任礼部尚书之职。在繁忙的公务之余，沈鲤从来没有放松对子弟们的教育。他经常写信给住在商丘老家的子弟们，对他们行为的约束极其严格：在出行上，不允许他们"出入公门，招惹是非"，拜客只可骑马，不可以乘车；在衣着上，要求家人子弟"衣服勿太华美，器用宁可欠缺"；在产业上，要求自家减少田亩，不要多积财货，不要购置太多的房产等。

明代的沈鲤，为官清正，一生勤俭。他对子弟们要求十分严格，从而保持住了家风的清白。

同时，沈鲤还要求家人子弟多做善

清正廉明，是社会进步的第一要义。为政者只有做到清廉，社会风气才能遵循公义与道德。

事：每年冬天做 100 件棉袄施舍给穷人，对于亲戚中的穷苦者、孤寡者，也要经常接济等。

◎俭以养德，败由奢入

勤俭的家风，能够培养出人们清廉、正直的品格。古人所说的"俭以养德"，就是要求人们"淡泊明志，宁静致远"。对为政者来说，则主要是"廉德"。

"廉"既是为政者的要求，又是一般人应有的品德。因为无"廉"则不"洁"，无"廉"则不"明"。有了"廉"，才可以做到"正"。所谓"正"，就是遵循公义与道德。

勤俭家风，是一种催人奋进的精神力量，也是一个人健康成长的护身之宝。在不同时代、不同门第，特别是一些官宦家庭的家训中，都有训诫家人清白做人、勿贪勿奢、注重节操名声的训言。

家风就是社会风气的微缩，有了好的家风，才能汇聚起好的国风。勤俭家风，在不同的历史时代，造就了许多明君贤臣。他们把清廉为官视为人生的目标，为后世留下了一笔光辉的精神财富。他们清廉为政的品行，虽然对当时所在朝政的腐败起不到完

梁武帝萧衍是南北朝时期的一位清廉、正直的明君，他开创了魏晋之后最好的社会文化局面。这是梁武帝萧衍的浮雕像。

全遏制的作用，但他们作为榜样，对清廉风气的弘扬，发挥了重要的作用。

北宋名臣包拯，一生为官清廉，不畏权贵，为子孙做出了优秀的榜样。这是清朝末期杨家埠年画《包文正上印》。

南北朝时期的梁武帝萧衍虔信佛法，世称"菩萨皇帝"。他每日吃的，只有粗茶淡饭，从不吃大鱼大肉等美食；他所穿的，常年都是粗布做的衣服，一顶帽子戴3年，一床被子盖2年；后宫的妃子们也都衣饰简朴，不尚奢华。在萧衍的统治之下，南梁社会风貌逐渐好转，经济得以恢复，开创了魏晋之后最好的社会文化局面。

被后人称为"清正廉明，铁面无私"的包拯，是北宋著名的政治家。包拯一生为官清廉，不畏权贵。他不仅得到了黎民百姓的赞誉，也为自己的子孙做出优秀的榜样。

包拯十分重视对子女的品德教育，并认为："廉者，民之表也；贪者，民之贼也。"晚年的时候，针对子孙的为官之道，他曾进行过一番训诫："后代子孙为官，如果有贪赃之人，罢官后不准他回到家乡，死后也不准埋葬在我家的墓地中。如果有谁不按照我说的去做，那么，他就不是我包家的子孙！"

古往今来，关于包公的美谈数不胜数。这也反映出劳动人民对清正社会的向往。这是京剧《铡美案》中包公的形象。

包拯还命人将这条家训刻在石碑上，并镶嵌在家中的墙壁上，以便让子孙后代时刻念诵，世代不忘。

古人曰："败由奢入。"这就是说，腐败是因为丢掉了勤俭的家训，由奢靡的生活而导致的。

腐败是政权的腐蚀剂，对政权的危害自不待言；更为严重的是，腐败损害社会的公正，动摇人们的信念，泯灭人们的良知，使公众的道德产生危机。在中国漫长的历史发展中，腐败与反腐败几乎充斥着每一个王朝的政治与社会生活。

远在夏朝晚期，社会的贪贿风气已经相当严重。据战国末期大思想家荀况所著的《荀子·大略》记载，当时商朝开国始祖商汤在求雨的祷词中，提问了6件失政之事，其中有3件是贪贿问题。这是他鉴于夏朝由骄奢淫逸、横征暴敛导致灭亡的教训而有所警惕的表现。

荒淫无道的商纣王，不仅导致了商王朝的灭亡，而且还成为了一个遗臭万年"主儿"。

然而，到了商朝末年，恶名昭彰的商纣王，大肆聚敛，建了很多离宫别馆，甚至建"酒池""肉林"，大肆挥霍。他所重用的奸佞费仲、恶来等，也都是大贪污犯。

当时，周文王被囚于监狱时，周人正是通过费仲，向纣王贿赂珍宝、美女、良马，博得纣王欢心，释放了文王。费仲与纣王的贪腐残暴，最终导致了商王朝的灭亡。

◎古代贪官的腐败与炫富

自古至今，有许许多多为官者经受不住金钱的诱惑，最终堕落成社会腐败的蛀虫。这些元宝，对于旧时的平民百姓来说，恐怕终生难见。

古人将"贪"解释为对物的占有欲望，喜欢钱财，以致忘乎所以探入别人囊中，获取非分财物。当官吏利用手中的权力，获取非分财物的时候，公众的利益就会受到侵害，腐败便由此产生。

因为腐败与人的贪欲密切相关，与权力相依相伴，所以官吏的贪污和官场上的行贿受贿成为腐败的主因。而且腐败的发生不分地域，也不分时代。它普遍存在于每一个社会当中，也是每一个政权都面临的问题。

几千年来，"贪官""赃官""庸官""酒肉官"等构成汉语特有的词汇。"三年清知府，十万雪花银""无毒不官，无官不贪"也成为社会流行的俚语。

就贪污而言，历代官员贪污手段之精明，堪称一绝。如明代大宦官刘瑾，被时人称为"站着的皇帝"，其权势简直可以跟皇帝并驾齐驱。百官见到他之后，都不得不跪。

被凌迟处死的大贪污犯刘瑾，与清代乾隆皇帝的宠臣和珅比起来，简直是小巫见大巫。这是身着朝服的和珅画像。

刘瑾垮台之后，所抄其家产的数字，据史料记载，计：金二十四万锭又五万七千八百两；银一百五十八万三千六百两；宝石两斗；金银汤鼎五百；蟒衣四百七十件；玉带四千一百六十束等，数字之大，令人吃惊。

而刘瑾与清代的和珅比较起来，算是小巫见大巫了。和珅因办事干练，深得乾隆皇帝的信赖，倚为心腹，任军机大臣20多年。他擅权自肥，大肆贪污。

清嘉庆四年（1799年），和珅被判定20项大罪，赐死。据《清史》记载，其家被查抄，抄获的家产竟有：夹墙藏金2.6万余两；私库藏金6000余两；地窖藏银300余万两……查抄清单共109号，包括各种奇珍异宝，值银两亿两千多万；另有土地80万亩；当铺75处；银号42处；总计查抄资产相当于大清5年的国库收入。难怪在当时的社会上会有"和珅跌倒，嘉庆吃饱"的俗谚。

官场的腐败，不仅会导致社会道德的败坏，还会在官场上形成一种奢靡之风，甚至出现炫富的荒诞现象。

古代最有名的炫富事件，恐怕要数西晋时期的石崇与贵戚王恺斗富。王恺以麦芽糖洗锅，石崇以蜡烛代替柴草来煮饭；王恺用紫

色的蚕丝作为道路两旁的帷帐，长达 40 里，石崇就用锦来作帷帐，长 50 里；王恺用赤石脂当涂料，石崇就用香料和成泥来刷墙。

有一次，王恺把晋武帝所赐的珊瑚树拿出来当众炫耀，高二尺多，堪称稀世珍宝。石崇当场用金如意将其击碎，然后取出他所藏的六七枝珊瑚树，每枝高达三四尺，光彩夺目，让王恺随意挑选。

后来，石崇为他的奢侈不仅付出了生命的代价，而且有关他的斗富之事，千年以来时时让人闻到奢华糜烂的腐朽之味。

清末权臣荣禄，更是一个爱炫富的主儿。他善于察言观色，投机钻营，特别舍得在总管太监李莲英身上花银子。因此，他逐渐改变了慈禧太后对他的印象，成为重臣。

西晋时期的"官二代"石崇以贪污受贿而发家，可谓富可敌国。他与国舅王恺斗富的事件，至今仍能使人嗅到奢华糜烂的腐臭气息。

178

荣禄长得面貌英俊，仪容举止风雅。他对衣裳和佩饰极为讲究，务必精好。每年的冬天自十一月起，到来年的元宵节，两个半月的时间，荣禄身上穿的貂皮袍子没有重样的，每天一件。

紫貂、青狐、银狐、金豹、猞猁等，都是荣禄的最爱，为了方便区分管理，他的衣服内里都用布条标有号码，以避免重复穿着。荣禄就是以这种奢侈性的炫耀，标榜自己的品位和身份实力。

清代的一品京官，年俸加上养廉

清末权臣荣禄，是一个酷爱炫富的人。当然，他炫富的资本，大都是来自贪污受贿所得的赃款。

银，也不过数百辆银子。凭借正常的收入，显然是无法支撑这样奢侈性消费的。炫富的资本，无疑都是来源于贪污受贿。

在中国历史上，腐败问题一直都是各朝代兴衰变化的非常重要的一个因素。纵观中国历史，因腐败亡国的事例比比皆是。

战国末年，后胜担任齐国的宰相。秦国知道后胜贪财，便派人送重金给他。后胜的宾客、仆从，也经常收受秦国的金钱。于是，他们共同力劝齐王不要出兵援助其他诸侯国，致使秦国得以将其他诸侯国各个击破。

公元前221年，秦国大举伐齐。齐国因后胜当政，政局混乱，军心懈怠，无人愿意为齐国卖命。秦国没费吹灰之力，便将齐国灭亡了。

一品，为古代朝廷之大官。在我国民间，人们常用一枝莲花象征"一品清廉"，希望从政者廉洁清正。

◎古代的反腐倡廉

古人早已清楚地认识到，贪污腐败可以导致亡国，也会累及身家性命。于是，历代的贤君为了维护自身的统治，不仅举起"肃贪"的大旗，而且"反腐败"的招数也不断出新。

为官必先为人。官德如风，民德如草，官风正则民风纯。在古代文献里面，对官德重要性的论述比比皆是。

西周时期选拔司法官员，首先要有好的品德，其次才是要具备丰富的法律知

古代的衙门大堂上，一般都悬挂着"明镜高悬"的匾额。这既是平民百姓内心的呼唤，又是对为政者的一种警示。

清代名臣于成龙，以其高尚的品德和廉洁自律的作风，成为后世为政者学习的榜样。

识。秦朝时期，考核政府官员的标准，主要就是对官吏的道德品格的考核观察，不仅要忠诚，更要廉洁。隋、唐以后，无论在选拔官员方面，还是在监察考核官员方面都是以官德为先的。

在我国古代历史上，以廉洁而留名于世的清官也有不少。唐初名臣房玄龄的父亲房彦谦，虽然一生为官，却俭朴一生，家无积存。他在家训里面教诲子女们说："人皆因禄富，我独以官贫，所遗子孙，在于清白耳。"

房玄龄遵循父亲的家训，尽管后来位高权重，依然勤俭慎独，清白一生，成为一代名臣。

清代名臣于成龙在为官时，始终都廉洁自律。起初，他的一些下属机构官员不时地给他行贿，为请托而馈送钱物、打通关节的人也很多，但于成龙始终一个态度：严厉回绝！

从此，各级官吏畏惧他的品行，再也不敢送礼了。后来，他被提升为直隶巡抚，至此真正进入封疆大吏之列，但他还是清廉依旧。康熙皇帝曾当面称赞他说："尔为今时清官第一，殊属难得！"

于成龙身居高位，后来又担任江苏、安徽两省巡抚。权力如此之大，但他仍不改昔日清廉作风，生活极其清苦。他的大儿子从山西来看他，在他儿子返家的时候，府中刚好有一只腌鸭。于成龙就用刀砍下一半给了儿子，备其途中食用。此事传至民间，遂有"于公豆腐量太狭，长公临行割半鸭"之俚谣。

于成龙为官 20 多年，从不携带家眷。他去世时，将军、都统及同僚属吏入府吊唁，府中几无他物，吊唁者无不为之落泪。百姓闻此噩耗，纷纷聚在一起哭悼，哭声响遍市井街巷。

明朝官员邝子辅，一生为官清廉，家风整肃。在入仕之前，他以教书为业。邝子辅早年丧妻，与儿子邝埜相依为命。他含辛茹苦将儿子抚养长大。后来，邝埜不负父亲教诲，终于金榜题名，官至兵部尚书。

儿子邝埜在任职陕西按察副使时，曾擅自取了一件官家的皮袄送给父亲。邝子辅知道实情之后，非常生气，他当即严厉地批评儿子说："这是假公济私！穿这样的衣服，我会一生不安！"然后，命儿子退还了皮袄。

邝埜牢记父亲的训诫，时时以父亲为榜样，成为了一名清正廉洁的好官。

在几千年的历史长河中，每一个人的生命都如过眼烟云。但有不少清官，都把严于律己放在首位，做到了洁身自重、清正为民，从而留名青史，为世人所传颂。

官场风气的清正，除了官员自身的品德之外，制度建设也是不可或缺的。周朝时，周公在《周礼》中，就已经规定把"廉"作为考察官吏政绩的重要尺度。此后，从我国历史上第一部有可靠文字记载的封建法典——《法经》，到《秦律》《唐律》《大明律》，一直到清朝的《大清律》，无不详细列明了对贪污受贿行为的严厉处罚规定。

闻名于世的《唐律》，虽然只有 502 条，但是其中涉及到严惩官吏腐败的条款很多。为防止权财交易，《唐律》中有"六赃"的规定。

何谓"六赃"呢？

《唐律》所指的"六赃"是：受财枉法、受财不枉法、受所监临财物、强盗、窃盗和坐赃。

《唐律》中规定：受绢一尺杖 100，每一匹加一等，15 匹处绞刑；即使不枉法，赃满 30 匹也处仅次于死刑的加役流；主管官不是因公事而受下属吏民的财物，受绢一尺笞

清正廉洁的品行，离不开优良家风的培养。邝子辅教子的故事，在历史的深处熠熠生辉。

40，每一匹加一等，8匹徒一年，每8匹加一等，50匹流两千里；官吏出差，不得在所到之处接受礼物，主动索取或强要财物的，加重处罚，赃满30匹者即绞；等等。

明朝开国皇帝朱元璋对元朝末年贪污腐败的危害感触颇深，所以他命人制定了《大明律》。

明朝制定的《大明律》，对打击官员贪污腐败起到了一定的积极作用。

《大明律》沿用了《唐律》的规定，只是在细节上略有改动。明代的"六赃"分别为：监守盗、常人盗、受财枉法、受财不枉法、窃盗和坐赃。以"监守盗"取代《唐律》中"受所监临财物"而正式列入"六赃"。这也说明了，《大明律》加强了对驻守官吏凭借职权侵吞国家各项钱粮之类贪污犯罪的惩罚。

为了对贪官形成更大的威慑力，明太祖朱元璋大量使用律外重刑，刑罚手段令人发指。他下令各州县设立"皮场庙"，在众人围观之下活剥贪官的皮。然后，在人皮里面塞满草，制成人皮草袋悬挂在官府门前，以此作为警示。

朱元璋严惩贪官污吏不分亲疏，他下令凡贪官污吏都要治罪，不容宽待。明初，有人检举他的侄子朱文正违法乱纪，朱元璋在查明之后，立即罢了他的官。他的女婿驸马都尉欧阳伦，出使办事时私贩茶叶，朱元璋闻知此事，下令依法将其处死。朱元璋"重典治吏"的政策，对肃整吏治、缓和社会矛盾和恢复发展经济，起到

明朝开国皇帝朱元璋，对官员的贪污腐败深恶痛绝。他不惜大量使用律外重刑，甚至屡次大义灭亲。

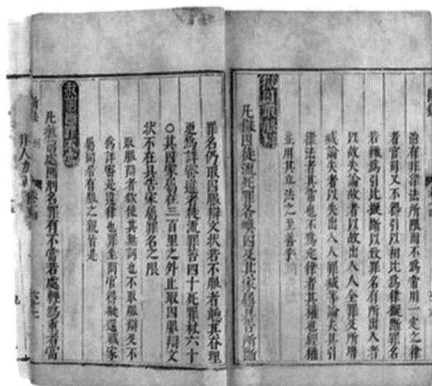

中国传统记忆丛书

图说老家风

了一定的积极作用。

单从道德教育和制度建设比较而言，中国古人似乎更加注重前者。这是因为，古代社会是一个以教化为重的"礼治"社会。人们深信，发自人们内心道德的约束力，远比制度的制约力强大和持久。

当然，无论在哪一个时代，"礼治"与"法治"并重，才是反腐倡廉最好的方式。礼治，使我们重新回归到家风这个话题上。勤俭、忠厚的家风，是促生清廉正直品行的基础。

无论哪一个朝代，廉洁清正的官员总能得到老百姓的爱戴，总会留名青史。这是一组古代清官的群雕像。

只有每一个小家的"家风"都清正、淳朴，那么社会的风气才会好转，我们国家的风气才能得以清正。

因此，家风不是一阵风，而是具有鲜明价值观的持久追求。重温家规，重整家风，是每一个现代家庭都需要重视的！

清白家风，扬名后世

183

第十四章
克勤克俭，家风永承

一个家庭或家族的发展，离不开"勤俭"两个字。先人们用勤劳的双手和无数的心血，向后人诠释了这个道理。

勤则兴，懒则败。

中国自古就有"富不过三代"之说。纵观历朝官宦贵族之家，由于教育不当，导致子孙骄奢淫逸，家道衰败的例子举不胜举。

勤俭，是中国人的一种传统美德，是中华民族的优良传统。勤俭，也一直被古人所重视，被认为是治家之道的重要守则。

勤俭的价值，小到一个人、一个家庭，大到一个国家、整个人类，想要发展，都离不开勤俭家风的熏陶。

◎从勤俭家风中走出的曾国藩

曾国藩，是中国历史上最有影响的人物之一。他的人生，他的智慧，他的思想，对近现代中国社会有着十分深远的影响。尽管史学界对这种影响的评价褒贬不一，但曾国藩勤俭一生的品质，以及教子与治家的理念，早已被社会公众所推崇。他所留下的"家书"，不仅影响了曾氏家族的好几代人，也影响了几代中国人。

时至今日，曾国藩虽然已经去世100 多年了，但是他教子与治家的事迹，仍然为人们津津乐道。

曾国藩出生在晚清一个地主家庭。清朝初年，他的远祖从湖南南部的衡阳，迁徙到湘乡县大界里安家落户。当时，曾家的生活还十分贫困。直到曾国藩的爷爷曾星冈这一代，才成为当地的大户。

虽然说是大户，但因为家庭人口众多，生活开销也比较大，因此家庭仍然算不上富裕。当时，在他们这个家族当中，还没有一个读书做官的人。对此，曾星冈非常着急，决心让子孙出一个做官的人，以便光宗耀祖。这样，他就将儿子曾麟书送进塾馆读书。

晚清重臣曾国藩是教子与治家的先贤，他所倡导的理念，有许多至今仍值得大力提倡。这是曾国藩的蜡像。

曾麟书，就是曾国藩的父亲。尽管他一心发愤读书，但连续参加了多次秀才考试都没有考中。一直到了 40 岁的时候，也就是在道光十二年（1832 年），他才考中。

那年，曾国藩已经 22 岁了。有意思的是，第二年曾国藩就考中了秀才。父子两人连续两年考中秀才，这在当时湖南农村的家庭里面确实是不多见的。

曾国藩考中秀才之后，曾麟书觉得应该把全部精力放到儿子身

曾国藩的辉煌成就，与其良好家风的熏陶有着密切的关系。他的父亲曾麟书，将毕生精力都花费在了教育子弟上面。

上。于是，他把儿子送进了湖南最为知名的学校——岳麓书院去读书。

仅过了两年，曾国藩便考中了举人。曾国藩之所以能够平步青云、少年得志，一个关键的原因就在于他的勤奋与执着。

曾国藩小时候做过这样一件事：他的父亲对家中的子弟要求很严格，每天必须早起读书。但曾国藩经常读书到深夜，第二天一不小心就会睡过头，因为那时候还没有闹钟。

岳麓书院，是一个神奇的摇篮。它曾培养了许多对中国历史产生过重大影响的精英人才，曾国藩便是其中之一。

那么，怎样才能使自己黎明即起呢？

曾国藩经过一番苦思冥想，终于想出了一个办法：他在睡觉的房间里放上一个铜盆，在这个铜盆上面，用一根细绳拴上一个秤砣。然后，点燃一根香，并用细绳固定在拴秤砣的绳子上面。当香燃尽的时候，就会把拴秤砣的细绳燃断。

"当啷！"一声，曾国藩就被惊醒了。他赶紧起床，开始读书。这样反复一段时间之后，曾国藩便养成了黎明即起的习惯。

可是，曾国藩在考中举人之后，命运之神好像跟他开起了玩笑。他赴京会试，竟一再落榜。然而，曾国藩并没有灰心，仍然坚持不懈地读书。

牛角挂书，是中国古代勤奋好学的一个典故。曾国藩能够取得巨大的成功，正是在于他"牛角挂书"的勤奋精神。

道光十八年（1838年），28岁的曾国藩殿试中了同进士。从此以后，他一步步踏上了仕途之路，并成为军机大臣穆彰阿的得意门生。他在京十多年，先后任翰林院庶吉士、侍讲学士、内阁学士、礼部侍郎等官职。最后升至总督，官居一品。

曾国藩一生奉行为政以耐烦为第一要义，主张凡事要勤俭廉洁，不可为官自傲。他修身律己，礼治为先，以忠谋政，在官场上获得了巨大的成功。

曾国藩位列三公，拜相封侯，可谓显赫一时。然而，他却一生保持着勤俭的作风，这在清代的官场上是比较罕见的。曾国藩一生能够秉承勤俭的家风，这跟他自幼受到良好的家风熏陶是分不开的。

曾国藩幼年时，他的祖父、父亲因为家庭经济窘迫，在耕读之余，便利用屋后所种的竹子编织成菜篮到蒋市街去卖。

四五岁时，曾国藩就跟着父亲、祖父到蒋市街赶集；十多岁的时候，他就能一个人挑着竹篮子到这里出售，有时候还帮助家中售卖剩余的农副产品。这些童年的生活经历，在曾国藩的心里留下了难以磨灭的印象。

曾国藩谨遵祖辈的遗训，坚持勤俭的家风，信守不渝。虽然身居高位，他仍能够以身作则，严格要求自己。

在生活上，他对自己很抠门。他常常以豆腐、腌菜等佐食。只在客人来的时候，才稍加荤菜，也主要是给客人准备的。曾家的腌菜，不同于其他人家的，几乎全都是用菜根制作的。如果菜根少了，便用瓜皮洗净代替，总要腌满十几缸。即便是在曾家成为当时的名门望族之后，这腌菜的习惯仍然一直没有改变。

曾国藩在两江总督任上的时候，有一天他到扬州的一个盐商家做客。那时候的盐商，可以说是富冠天下的。曾国藩面对满桌子的山珍海味，只是低头吃自己身边的一点东西。吃过饭之后，属下关切地问他："大人你是不是对这一桌子饭菜感觉不可口呢？"

曾国藩说了一句话，令在

在曾国藩的数百封教子家书中，他把"勤俭"作为重中之重来对待，要求子女们必须保持勤俭。

场的人们非常吃惊："一食千金，吾不忍食，吾不忍睹。"一顿饭吃了千把两银子，对于曾国藩来说是不忍吃、不忍看啊。

◎曾国藩教子女识俭朴

在曾国藩看来，要教育孩子立足社会，并使曾氏家业一代一代持续地发展下去，关键就是两个字："勤"与"俭"。

由"俭"来打理自己的生活，在富的时候不骄傲，贫的时候不气馁；勤，既可以健壮自己的身体，同时又使劳作变成日常生活中很平常的一件事情。永葆勤和俭，一个家庭或家族才会持续地发展下去。

他在家信中，曾多次苦口婆心地陈述自己崇尚勤俭的缘由："天下官宦之家，多只一代享用便尽，其子孙始而骄佚，继而流荡，终而沟壑，能庆延一二代者鲜矣。"

曾国藩认为，子女在骄奢淫逸的环境之下是不可能立大志的，开始是骄奢，继而就是流荡，然后就是败家。一个官宦之家能够延续一两代，真的是很少很少的。所以，曾国藩觉得应该由勤俭入手教育孩子，使他们懂得如何生活，这才是最好的教子之道。

他曾对女儿曾纪芬说："吾辈欲为先人留遗泽，为后人惜余福，

只有做到"勤"与"俭"，一个家庭才能做到年年有余，才能一代一代永续地发展。这是杨家埠年画《年年有余》图。

除勤俭二字，别无他法。"

在教育孩子的过程中，曾国藩既是父亲，又是朋友；既是经师，又是人师。他赢得了孩子们的尊敬与爱戴，他的孩子们都非常钦佩和崇拜他，把他视为自己人生的偶像与坐标。

曾国藩在京城时，见到很多官宦子弟奢侈腐化，挥霍无度，胸无点墨，且目中无人。因此，他不让自己的孩子住在北京、长沙等繁华的城市，要他们住在老家。即便如此，曾国藩仍时时告诫他们：饭菜不能过于丰盛；衣服不能过分华丽；门外不准挂"相府""侯府"的匾额；出门要轻车简从；考试前后不能拜访考官，不能给考官写信，等等。

曾国藩的小女儿晚年时留下一个年谱，其中记载了这样一件事情：曾国藩的小女儿只有十几岁时，跟随母亲来到曾国藩任两江总督的总督府。小女儿入总督府总要穿得体面一点，光鲜一点，所以穿上了一件蓝色的小夹袄，下边穿了一条缀青边的黄绸裤。就这条黄绸裤，其实也不是她的，而是她的长嫂，也就是曾国藩长子曾纪泽早亡的妻子留给她的。

但就是这条裤子的青色花边，让曾国藩觉得太复杂、太华贵了，就指责小女儿不应该穿这样的裤子，让她赶快去换掉。小女儿赶紧回到房间，换了一条没有花边

曾担任两江总督的曾国藩，不仅自己谨守勤俭的家风，而且对子女要求极为严格。他就像一面镜子，使子女们能够时刻检点自己的行为。

勤俭的劳动妇女，每天忙于织布，自己却穿着打补丁的衣服，这是勤俭家风的一个真实写照。

的裤子。由此可见，曾国藩对子女的教育是何等严厉。

曾国藩注重对子女勤俭品格的培养，不仅在日常生活中如此，在谈婚论嫁时亦如此。湖南有一张姓显贵家庭，几次想与曾国藩结为儿女亲家，然而都被曾国藩婉拒了。

这倒不是曾家与张家有什么不愉快，而是曾国藩听说这位"兄台"的生活习气骄奢、跋扈，不可一世。他所穿的衣服极为华贵，他所用的仆人也气焰嚣张，更加令人厌恶的是，他还喜欢依仗父亲的势力作威作福。曾国藩担心张家女儿有官宦人家的骄奢习气，如果嫁娶过来，不仅会败坏曾氏家规，还会引诱曾家的子弟好逸恶劳。

勤劳与节俭，是一个家庭走向富裕的必由之路。勤俭的家风，就像一头任劳任怨的耕牛，它给人们带来收获的同时，也使人们的脚步变得更加踏实。

中国传统记忆丛书

圖説
老家風

"咔嗒、咔嗒"织布机的梭声，一直响彻在岁月的深处。作为名门豪族的曾国藩家族，始终没有让织布机的梭声远离生活。

◎人才辈出的曾氏家族

俭朴与勤劳是分不开的。只知道俭朴还不行，还要勤劳，勤劳才能有所作为。曾国藩认为子女教育，首先应该让他们明白勤劳的价值，学会吃苦。他提倡勤理家事、勤奋读书，反对奢侈懒惰。

曾国藩教子的方法是非常朴实的，也是非常明确的。曾国藩首先注重自己的家训，这个家训就是他祖父曾星冈总结出来的，那就是八字家训："早、扫、考、宝、书、蔬、鱼、猪"。

"早"，就是要早起；"扫"，是洒扫庭院；"考"，是诚修祭祀；"宝"，是以邻为宝，注重邻里关系；"书"，就是教育孩子要多读书；而"蔬""鱼""猪"指的是种菜、养鱼、养猪，保持农耕这样一种方式。

曾国藩长期在外为官，很少回家，那么他是如何让孩子们遵循这"八字家训"做事情呢？

他自有妙招，那就是频繁地书写家信。现在能够看到的曾国藩家书洋洋一百多万字，加在一起有一千多封信。其中，写给子女的信件

在曾氏家风的熏陶之下，曾国藩的儿子曾纪泽学有所成，成为中国历史上一位著名的外交家。

就有数百封，每一封信都饱含着一个父亲对子女的关心与爱护。

对儿子，曾国藩从来没有骄纵过，他曾经写信给儿子曾纪泽，要求他每天起床穿戴整齐之后，必须先向伯父、叔父问安；接着，把家中所有的房间打扫一遍之后，再静坐读书。曾国藩要求他每天必须练写一千个字，在这一千个字当中，"勤"与"俭"是每日必

191

与织布机的梭声一同响彻总督府的，还有"嗡嗡"的纺花车声，这令曾国藩感到非常惬意。

练之字。曾国藩这样做的目的，其实是为了避免让孩子们沾染上富家子弟养尊处优的坏习气。

对于内眷、女儿、儿媳等，曾国藩也从不姑息，同样严饬勤劳。他规定："新妇始至吾家，教以勤俭。纺织以事缝纫，下厨以议酒食。此二者，妇职之最要者也。孝敬以奉长上，温和以待同辈。此二者，妇道之要者也。"

曾国藩的夫人欧阳氏，更是以身作则，恪守曾氏家风。她从

未间断过做鞋、纺纱及织布。她住在湘乡老家期间，自己与女儿、儿媳每人一架纺纱车，还共用两架织布机。因此，曾国藩在咸丰五年（1855年）九月三十日的家信中说："家中妇女大小皆纺纱织布，闻以成六七机，可为欣慰。"

同治年间，曾夫人居住在

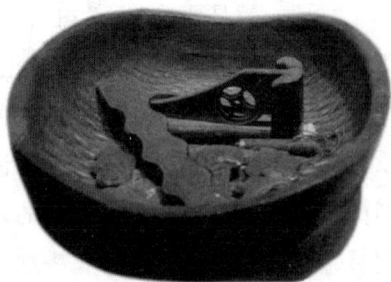

在旧时，女子女红做得如何，是衡量能否过好日子的标准。曾国藩要求家中的女眷必须精于女红，而且要常做不辍。

金陵总督府中时，仍坚持纺纱，新置纺花车5架。有时候，婆媳、母女、姑嫂同纺。纺车声音虽然有些聒噪，但曾国藩却感到极为快乐。曾夫人与儿媳刘氏纺纱，每晚不少于4两，常常纺到二更后才歇息。

后来，曾国藩还为女儿、儿媳们制定了每天习劳的繁重功课单，其内容如下：

曾氏家族人才辈出，在军政方面紧随曾国藩其后的是其九弟曾国荃。这是曾国荃的画像。

早饭后　做小菜点心酒酱之类　食事
巳午刻　纺花或绩麻　衣事
中饭后　做针黹刺绣之类细工
酉刻（过二更后）做男鞋女鞋或缝衣　粗工

这些女红的内容，带有明显的时代印记，但曾国藩要求内眷不染官家好逸恶劳的习气、勤于劳动的精神和做法，却是仕宦之家所难能可贵的。

曾国藩作为晚清重臣，其子侄后人是不折不扣的"官二代"和"富二代"，但却没有出现一个纨绔子弟，大都学有所成。

曾国藩与欧阳夫人生有三子，除长子曾纪第早殇之外，次子曾纪泽、三子曾纪鸿都是在中国历史上颇有建树的人。

中国传统记忆丛书

图说
老家风

曾纪泽在父亲的鼓励与支持下，潜心研究西学。后来，他以驻英、法兼驻俄大臣的身份，于 1879 年赴俄谈判，据理力争，收回伊犁南境地区五万平方公里的领土。曾纪泽的儿子曾广铨，精通英语、法语、德语和满文，曾担任清政府驻德国大使，后担任京师大学堂译学馆总办，是著名的翻译家。

时至今日，湘乡曾氏家族历经 8 代，涌现出两百多位各行各业的精英，未出现一个败家子。曾氏家风的传承，可谓美满至极！

曾国藩的三子曾纪鸿是当时著名的数学家，有《对数详解》《圆率考真图解》《粟布演草》等著作问世。曾纪鸿的后裔曾广钧、曾昭权、曾昭桓、曾宪源、曾宪琪等，他们或以数学为专业，或供职于与数学相关的公路、铁路、机电、采矿、计算机等行业。

曾国藩的 4 个弟弟，即曾国潢、曾国华、曾国荃和曾国葆也都后裔众多，他们在军政与实业方面、文化艺术方面、化学化工方面等众多领域，都取得了令人瞩目的成就。

曾氏家族的勤俭之风，由形成到一代一代地传承，历经 8 代，至今已有 160 多年。在这 160 多年间，中国社会经历了清代后期短暂的"中兴"、帝制的终结、民国的动荡、建国后 30 年的曲折和改革开放以来 30 多年的发展。

这个以耕读传家、军功起家的文化家族，在此社会巨变之际，也饱经风霜，深深地烙下了时代的印记。曾氏家族的发展历史，也成为中华民族艰苦朴素、任劳任怨、勤奋不辍精神的真实缩影！

附
中国传统家训精粹

○勤俭篇

传家两字，曰耕与读；兴家两字，曰俭与勤。

——（五代）章仔钧《章氏家训》

种田养蚕，及一切裨益家务者，皆宜留心整理。勤则有余，怠则不足，不能备述，当随时处置。

——（明）谢莹《谢氏家训》

众人皆以奢靡为荣，吾心独以俭素为美。

——（北宋）司马光《训俭示康》

黎明即起，洒扫庭除。

——（明）朱柏庐《朱子家训》

百种弊病，皆从懒生。

——（清）曾国藩《曾国藩家书》

真心实作，无不可图之功。

——（明）吴麟徵《家诫要言》

欲知稼穑之艰难，斯盖贵谷务本之道也。

——（南北朝）颜之推《颜氏家训》

凡一家之中，勤敬二字能守得几分，未有不兴；若全无一分，无有不败。

——（清）曾国藩《曾国藩家书》

人之生死，秉于有生之初。世俗愚昧，多倾家荡产听于巫祝，深可悯笑。神聪明正直，岂邀人祭祀，以为祸福？戒之戒之！

——（明）谢莹《谢氏家训》

一日之计在于寅，一年之计在于春，一生之计在于勤。起家的人，未有不始于勤而后渐渐流于荒惰，可惜也。

——（明）姚舜牧《药言》

居家之要，在勤俭二字，既勤且俭，尤在忍之一字。

——（明）姚舜牧《药言》

颓惰自甘，家道难成。

——（明）朱柏庐《朱子家训》

自奉宁过于俭，待人宁过于厚。一切均从简省，断不可浪用。此惜福之道，保家之道也。

——（清）左宗棠《左宗棠家训》

一粥一饭，当思来之不易；半丝半缕，恒念物力维艰。

——（明）朱柏庐《朱子家训》

一身能勤能敬，虽愚人亦有贤智风味。

——（清）曾国藩《曾国藩家书》

自奉必须俭约，宴客切勿流连。

——（明）朱柏庐《朱子家训》

器具质而洁，瓦缶胜金玉。

——（明）朱柏庐《朱子家训》

施而不奢，俭而不吝。

——（南北朝）颜之推《颜氏家训》

饮食约而精，园蔬愈珍馐。

——（明）朱柏庐《朱子家训》

古之成大事者，多自克勤小物而来。

——（清）曾国藩《曾国藩日记·论自我克制》

假如八口之家，能勤能俭，得十口资粮；六口之家，能勤能俭，得八口资粮，便有二分余剩。何等宽舒，何等康泰。

——（明）温璜述《温氏母训》

勤与俭，治生之道也。不勤则寡入，不俭则妄费。

——（南宋）袁采《袁氏世范》

治家舍节俭，别无可经营。

——（明）吴麟徵《家诫要言》

少劳而老逸犹可，少甘而老苦则难矣。

——（清）曾国藩《曾国藩家书》

志从肥甘丧，心以淡泊明。

——（明）《增广贤文》

夫食为民天，民非食不生矣，三日不粒，父子不能相存。

——（南北朝）颜之推《颜氏家训》

家败离不得个奢字，人败离不得个逸字，讨人嫌离不得个骄字。

——（清）曾国藩《曾国藩家书》

夫君子之行，静以修身，俭以养德，非淡泊无以明志，非宁静无以致远。

——（三国）诸葛亮《诫子书》

丰俭随其财力，则不谓之费。不量财力而为之，或虽财力可办，而过于侈靡，近于不急，皆妄费也。年少主家事者，宜深知之。

——（南宋）袁采《袁氏世范》

俭者，君子之德。世俗以俭为鄙，非远识也。俭则足用，俭则寡求，俭则可以成家，俭则可以立身，俭则可以传子孙。

——（南宋）倪思《经锄堂杂志》

常将有日思无日，莫待无时想有时。

——（明）《增广贤文》

勤于邦，俭于家，言忠信，行笃敬。

——（清）曾国藩《曾国藩家书》

由俭入奢易，由奢入俭难。

——（北宋）司马光《训俭示康》

富家有富家计，贫家有贫家计，量入为出，则不至乏用矣。用常有余，则可以为意外横用之备矣。

——（南宋）倪思《经锄堂杂志》

大处之不足，由于小处之不谨；月计之不足，由于每日之用过多也。

——（清）张英《恒产琐言》

○诚信篇

事师长贵乎礼也，交朋友贵乎信也。

——（南宋）朱熹《家训》

余平生不肯说谎，却免却许多照顾前后。

——（明）姚舜牧《药言》

许人一物，千金不移。

——（明）《增广贤文》

守笃实，戒机巧；守强毅，戒刚愎。

——（清）曾国藩《曾国藩家书》

一言既出，驷马难追。

——（明）《增广贤文》

今日所说之话，明日勿因小利害而变。

——（清）曾国藩《曾国藩家书》

以忠信为心，出言行事内不欺己，外不欺人，久而家庭信之，乡国渐信之，甚至蛮貊且敬服之。由其平生之所积然也，故曰诚能动鬼神。

——（清）张英《聪训斋语》

心口如一，童叟无欺。

——（明）《增广贤文》

脚踏实地，不敢一毫欺人。

——（清）曾国藩《曾国藩家书》

人而无信，百事皆虚。

——（明）《增广贤文》

与人相处之道，第一要谦下诚实，同干事则勿避劳苦，同饮食则勿贪甘美，同行走则勿择好路，同睡寝则勿占床席。

——（明）杨继盛《杨忠公愍公遗笔》

○勉学篇

治家之余，日取经史传记三五百言读之，以养德性，以长识见。毋博弈嬉戏，虚费时日。

——（明）谢莹《谢氏家训》

贪之一字，凡事皆忌，若读书则惟恐不贪多务得。贪书未有不成学者。

——（明）王汝梅《王氏家训》

凡声色货利一切嗜欲之事，好之，有乐则必有苦。惟读书与对山水，只有乐而无苦。

——（清）张英《聪训斋语》

多读书达观古今，可以免忧。

——（明）吴麟徵《家诫要言》

勤字功夫，第一贵早起，第二贵有恒；凡将相无种，圣贤豪杰无种，只要人肯立志，都可以做得到的。

——（清）曾国藩《曾国藩家书》

读书须用意，一字值千金。

——（明）《增广贤文》

学问如逆水行舟，不进则退。

——（清）左宗棠《左宗棠家训》

自古明王圣帝，犹须勤学，况凡庶乎！

——（南北朝）颜之推《颜氏家训》

良田百亩，不如薄技随身。

——（明）《增广贤文》

学业在我，富贵在时。在我者不可不勉，在时者静以俟之。

——（南宋）何耕《示子辞》

凡人进德修业，事事从读书起。多读书则嗜欲淡，嗜欲淡则费用省，费用省则营求少，营求少则立品高。

——（清）爱觉新罗·玄烨《圣祖庭训格言》

老而学者，如秉烛夜行，犹贤乎瞑目而无见者也。

——（南北朝）颜之推《颜氏家训》

读少则身暇，身暇则邪间，邪间则过恶作焉，忧患及之。

——（明）吴麟徵《家诫要言》

学问之道无穷，而总以有恒为主。

——（清）曾国藩《曾国藩家书》

何惜数年勤学，长受一生愧辱哉！

——（南北朝）颜之推《颜氏家训》

中国传统记忆丛书

图说
老家风

少壮不努力，老大徒伤悲。

——（明）《增广贤文》

光阴可惜，譬诸逝水。

——（南北朝）颜之推《颜氏家训》

读书养身，及时为自立之计，学问日进，不患无用着处。

——（清）左宗棠《左宗棠家训》

若事事勤思善问，何患不一日千里？

——（清）曾国藩《曾国藩家书》

莺花犹怕风光老，岂可教人枉度春。

——（明）《增广贤文》

大禹惜寸阴，吾辈当惜分阴。

——（清）左宗棠《左宗棠家训》

莫道君行早，更有早行人。

——（明）《增广贤文》

凡人做一事，便须全副精神注在此一事，首尾不懈，不可见异思迁。

——（清）曾国藩《曾国藩家书》

百年容易过，青春不再来。

——（明）《增广贤文》

省事是清心之法，读书是省事之法。

——（清）曾国藩《曾国藩家书》

光阴似箭，日月如梭。

——（明）《增广贤文》

○仁爱篇

凡邻里亲故，平昔善良，倘有婚姻丧疾应助者，即量力助之。

——（明）谢莹《谢氏家训》

作善降之百祥，作不善降之百殃。勿以善小而不为，勿以恶小而为之。此四语，当终身服膺。

——（明）谢莹《谢氏家训》

尊师以重道，爱众而亲仁。

——（明）《增广贤文》

孤寡极可念者，须勉力周恤。

——（明）吴麟徵《家诫要言》

处富贵地，要矜怜贫贱之痛痒。

——（明）《增广贤文》

见老者，敬之；见幼者，爱之。有德者，年虽下于我，我必尊之；不肖者，年虽高于我，我必远之。

——（南宋）朱熹《家训》

君子能扶人之危，周人之急，固是美事，能不自夸，则善矣。

——（清）曾国藩《曾国藩家书》

肝肠煦若春风，虽囊乏一文，还怜茕独。

——（明）《增广贤文》

善须是积，今日积，明日积，积小便大。

——（明）高攀龙《高氏家训》

责己之心责人，爱己之心爱人。

——（明）《增广贤文》

难得者兄弟，易得者财产。

——（清）张履祥《训子语》

割不断的亲，离不开的邻。

——（明）《增广贤文》

远水难救近火，远亲不如近邻。

——（明）《增广贤文》

行诚孝而见贼，履仁义而得罪，丧身以全家，泯躯而济国，君子不咎也。

——（南北朝）颜之推《颜氏家训》

○慈孝篇

百善孝为先。

——（明）《增广贤文》

孝当竭力，非徒养身。鸦有反哺之孝，羊知跪乳之恩。

——（明）《增广贤文》

养生以少恼怒为本，事亲以得欢心为本。

——（清）曾国藩《曾国藩家书》

毋令长者疑，毋使父母怒。

——（明）吴麟徵《家诫要言》

夫家所以齐者，父曰慈，子曰孝，兄曰友，弟曰恭，夫曰义，妇曰顺。

——（清）孙奇逢《孝友堂家规》

父之所贵者，慈也；子之所贵者，孝也。

——（南宋）朱熹《家训》

一孝立，万善从，是为肖子，是为完人。

——（明）姚舜牧《药言》

当少壮时，须体念衰老的酸辛。

——（明）《增广贤文》）

父母不孝，奉神无益。

——（清）林则徐《林则徐家训》

年高之人，作事有如婴孺，喜得钱财微利，喜受饮食果实小惠，喜与孩童玩狎。为子弟者能知此，而顺适其意，则尽其欢矣。

——（南宋）袁采《袁氏世范》

父慈子孝，兄友弟恭，夫义妇顺。

——（南北朝）颜之推《颜氏家训》

父母于其子幼时，爱念抚育，有不可以言尽者。子虽终身承颜致养，极尽孝道，终不能报其少小爱念抚育之恩，况孝道有不尽者。凡人之不能尽孝道者，请观人之抚育婴孺，其情爱如何，终当自悟。

——（南宋）袁采《袁氏世范》

○自强篇

人常咬得菜根，则百事可做。娇养太过的，好看不中用。

　　　　　　　　　　——（明）姚舜牧《药言》

志之所趋，无远不届；志之所向，无坚不入。

　　　　　　　　——（清）爱觉新罗·玄烨《圣祖庭训格言》

吾家祖父教人，亦以懦弱无刚四字为大耻。故男儿自立，必须有倔强之气。

　　　　　　　　　　——（清）曾国藩《曾国藩家书》

有志向者，遂能磨砺，以就素业；无履历者，自兹堕慢，便为凡人。

　　　　　　　　　——（南北朝）颜之推《颜氏家训》

受不得穷，立不得品；受不得屈，做不得事。

　　　　　　　　　　——（清）曾国藩《曾国藩家书》

世之所贵读书寒士者，以其用心苦，境遇苦，可观成才也。

　　　　　　　　　　——（清）左宗棠《左宗棠家训》

丈夫处世，发奋自强，何事不可为，何地不能到？

　　　　　　　　　　——（明）王汝梅《王氏家训》

做好男子，须经磨炼，生于忧患，死于安乐，千古不易之理也。

　　　　　　　　　　——（清）孙奇逢《孝友堂家训》

盖艰苦则筋骨渐强，娇养则精力愈弱也。

　　　　　　　　　　——（清）曾国藩《曾国藩家书》

务须咬牙励志，蓄其气而长其志，切不可颓然自馁也。

——（清）曾国藩《曾国藩家书》

非学无以广才，非志无以成学。

——（三国）诸葛亮《诫子书》

困心横虑，正是磨炼英雄之时。

——（清）曾国藩《曾国藩家书》

大凡世间一技一艺，其始学也，不胜其难，似万不可成者。因置而不学，则终无成矣。所以初学贵有决定不移之志，又贵有勇猛精进而又贞常永固毫不退转，则凡技艺焉有不成者哉！

——（清）爱觉新罗·玄烨《圣祖庭训格言》

天下事有难易乎？为之，则难者亦易矣；不为，则易者亦难矣。

——（清）彭端淑《为学示子侄》

○教子篇

须知孺子可教，勿谓童子何知。

——（明）《增广贤文》）

父母威严而有慈，则子女畏慎而生孝矣。

——（南北朝）颜之推《颜氏家训》

养不教，父之过。

——（南宋）《三字经》

养子不教如养驴，养女不教如养猪。

——（明）《增广贤文》

富若不教子，钱谷必消亡；贵若不教子，衣冠受不长。

——（明）《增广贤文》

吾今日为人之父，盖前日尝为人之子矣，凡吾前日事亲之道，每事尽善，则为子者得于见闻，不待教诏而知效。

——（南宋）袁采《袁氏世范》

人生小幼，精神专利，长成已后，思虑散逸，固须早教，勿失机也。

——（南北朝）颜之推《颜氏家训》

乾坤犹痛何时毕，忍属儿孙咬菜根。

——（清）左宗棠《左宗棠家训》

居家务期质朴，教子要有义方。

——（明）《增广贤文》

训子须从胎教始，端蒙必自小学初。

——（明）《增广贤文》

人品须从小作起，权宜苟且诡随之意多，则一生人品坏矣。

——（明）吴麟徵《家诫要言》

人之性，遇强则避，遇弱则肆。父严而子知所畏，则不敢为非，父宽则子玩易，而恣其所行矣。

——（南宋）袁采《袁氏世范》

世家子弟，其修行立名难，较寒士百倍。何以故？人之当面待之者，万不能如寒士之古道。小有失检，谁肯面斥其非？微有骄盈，谁肯深规其过？幼而娇惯，为亲戚之优容；长而习成，为朋友之所谅恕。

——（清）张英《聪训斋语》

子弟智愚贤不肖虽有天命，然父兄须教以读书，皆不可令废弃。纵痴蠢顽悍，若少知理义，亦不敢肆然为非至不可理论也。

——（明）徐三重《家训》

后生才锐者，最易坏。若有之，父兄当以为忧，不可以为喜也。

——（南宋）陆游《陆游家训》

儿小任情娇惯，大来负了亲心。

——（明）吕得胜《小儿语》

凡好何须父业，儿若不肖空积。

——（明）吕坤《续小儿语》

凡世家子弟，衣食起居，无一不与寒士相同，庶可以成大器；若沾染富贵习气，则难望有成。

——（清）曾国藩《曾国藩家书》

要求子顺，先孝爷娘。

——（明）吕坤《续小儿语》

蒙养不端，待习惯成性，始思补救，晚矣。

——（清）孙奇逢《孝友堂家训》

有田亩便当尽力开垦，有子孙便当尽力教诲。田畴不垦，宁免饥寒？子孙不教，能无败亡？

——（清）张履祥《训子语》

人生至乐，无如读书；至要，无如教子。父子之间不可溺于小慈，自小律之以威，绳之以礼，则长无不肖之悔。

——（宋）家颐《教子语》

富者之教子，须是重道；贫者之教子，须是守节。

——（宋）家颐《教子语》

远邪佞，是官家教子弟第一义。远耻辱，是贫家教子弟第一义。至于科第文章，总是儿郎自家本事。

——（明）温璜述《温氏母训》

子弟童稚之年父母师傅严者，异日多贤；宽者，多至不孝。

——（清）张履祥《训子语》

心术不可得罪于天地，言行要留好样与儿孙。

——（明）《增广贤文》

国清才子贵，家富小儿娇。

——（明）《增广贤文》

事亲须当养志，爱子勿令偷安。

——（明）《增广贤文》

凡人皆有望子孙为大官，余不愿为大官，但愿为读书明理之君子。

——（清）曾国藩《曾国藩家书》

父母之于儿女，谁不怜爱？然亦不可过于娇养。若小儿过于娇养，不但饮食之失节，抑且不耐寒暑之相侵，即长大成人，非愚即痴。尝见王公大臣子弟中每有痴呆软弱者，皆其父母过于娇养之所致也。

——（清）爱觉新罗·玄烨《圣祖庭训格言》

人生小幼，精神专利，长成已后，思虑落逸，固须早教，勿失

机也。

——（南北朝）颜之推《颜氏家训》

○清廉篇

见不义之财勿取，遇合理之事则从。

——（南宋）朱熹《家训》

淡泊二字最好。淡，恬淡也；泊，安泊也。恬淡安泊，无他妄念，此心多少快活！

——（北宋）江端友《诫子》

宦之法，清廉为最。

——（北宋）贾昌朝《戒子孙》

贵义轻财，少私寡欲，忌盈恶满，周穷恤匮。

——（南北朝）颜之推《颜氏家训》

随时莫起趋时念，脱俗休存矫俗心。

——（明）《增广贤文》

不贪财，不失信，不自是，有此三省，自然人皆敬重。

——（清）曾国藩《曾国藩家书》

知足则乐，务贪必忧。

——（清）曾国藩《曾国藩家书》

受非分之情，恐办非分之事。

——（清）曾国藩《曾国藩家书》

毋为财货迷。

——（明）吴麟徵《家诫要言》

立身无愧，何愁鼠辈。

——（明）吴麟徵《家诫要言》

妄取人财，布施无益。

——（清）林则徐《林则徐家训》

钱财如粪土，仁义值于金。

——（明）《增广贤文》

当官之法唯有三事，曰清，曰慎，曰勤。知此三者，则知所以持身矣。知此三者，可以保禄位，可以远耻辱，可以得上之知，可以得下之援。

——（南宋）吕本中《童蒙训》

○宽厚篇

人有小过，含容而忍之；人有大过，以理而谕之。

——（南宋）朱熹《家训》

人虽至愚，责人则明；虽有聪明，恕己则昏。尔但常以责人之心责己，恕己之心恕人，不患不到圣贤地位也。

——（北宋）范纯仁《诫子弟言》

器量须大，心境须宽。

——（明）吴麟徵《家诫要言》

薄福者必刻薄，刻薄则福益薄矣；厚福者必宽厚，宽厚则福亦厚矣。

——（清）曾国藩《曾国藩家书》

待人要宽和，世事要练达。

——（明）吴麟徵《家诫要言》

恕已而行，换子而抚。

——（南北朝）颜之推《颜氏家训》

每事宽一分即积一分之福。

——（明）吴麟徵《家诫要言》

毋以小嫌而疏至亲，毋以新怨而忘旧恩。

——（明）许相卿《许云屯贻谋》

盖以人各有短长，弃其所短而取其长，始能尽人之材。若必求全责备，稍有欠缺即行指摘，非忠恕之道也。

——（清）爱觉新罗·玄烨《圣祖庭训格言》

能容人，是大器。凡做人，在心地。心地好，是良士。心地恶，是凶类。

——（明）庞尚鹏《庞氏家训》

盛世创业之英雄，以襟怀豁达为第一义。

——（清）曾国藩《曾国藩家书》

以直报怨，以义解仇。

——（明）《增广贤文》

凡事留余地，雅量能容人。

——（清）曾国藩《曾国藩家书》

饶人不是痴汉，痴汉不会饶人。

——（明）《增广贤文》

贤者必宽厚慈良，不肖者必苛刻残忍；贤者必厚其所亲，不肖者必薄其所亲。

——（明）张履祥《训子语》

宁让人，勿使人让吾；宁容人，勿使人容吾；宁吃人之亏，勿使人吃吾之亏；宁受人之气，勿使人受吾之气。

——（明）杨继盛《杨忠公愍公遗笔》

○谦谨篇

慎勿谈人之短，切莫矜己之长。

——（南宋）朱熹《家训》

行高人自重，不必其貌之高；才高人自服，不必其言之高。

——（南宋）袁采《袁氏世范》

好胜人者，必无胜人处，能胜人，自不居胜。

——（清）曾国藩《曾国藩家书》

才能知耻，即是上进。

——（明）吴麟徵《家诫要言》

功不独居，过不推诿。

——（清）曾国藩《曾国藩家书》

上士忘名，中士立名，下士窃名。

——（南北朝）颜之推《颜氏家训》

贤者必谦恭，不肖者必骄慢；贤者必敬慎，不肖者必恣肆。

——（明）张履祥《训子语》

人之性行，虽有所短，必有所长。与人交游，若常见其短而不见其长，则时日不可同处。若常念其长而不顾其短，虽终身与之交游可也。

——（南宋）袁采《袁氏家范》

天下古今之庸人，皆以一惰字致败；天下古今之才人，皆以一傲字致败。

——（清）曾国藩《曾国藩家书》

少年新进，诸事留心考究，虚心询问，藉可稍资历练，长进学识；切勿饮食追逐，虚度光阴！

——（清）左宗棠《左宗棠家训》

毋以己长而形人之短，毋固己拙而忌人之能。

——（明）《增广贤文》

故吾人用功，力除傲气，力戒自满，毋为人所冷笑，乃有进步也。

——（清）曾国藩《曾国藩家书》

心高气傲，博学无益。

——（清）林则徐《林则徐家训》

人之胜于你，则敬重之，不可有傲忌之心；人之不如你，则谦待之，不可有轻贱之意。

——（明）杨继盛《杨忠公愍公遗笔》

好谈己长只是浅。

——（清）曾国藩《曾国藩家书》

不自恃而露才，不轻试而幸功。

——（明）《增广贤文》

勿因群疑而阻独见，勿任己意而废人言。

——（明）《增广贤文》

不傲才以骄人，不以宠而作威。

——（三国）诸葛亮《将诫》

气忌盛，心忌满，才忌露。

——（清）曾国藩《曾国藩家书》

○修养篇

举止要安和，毋急遽怠缓；言语要诚实，毋欺妄躁率。

——（明）谢莹《谢氏家训》

沉默缓畏，遇物和而有容，语言举止务淹雅凝重，喜怒不形于色，然后可以为佳士。

——（北宋）梁焘《家庭谈训》

阿谀从人可羞，刚愎自用可恶，不执不阿，是为中道。

——（明）姚舜牧《药言》

凡事须逐日检点，一日姑待后来补救，则难矣。

——（清）曾国藩《曾国藩家训》

人有喜庆，不可生妒忌心；人有祸患，不可生喜幸心。

——（明）朱柏庐《朱子家训》

失意事来，治之以忍，方不为失意所苦。快心事来，处之以淡，

方不为快心所惑。

——（清）曾国藩《曾国藩家训》

善欲人知，不是真善；恶恐人知，便是大恶。

——（明）朱柏庐《朱子家训》

上品之人，不教而善；中品之人，教而后善；下品之人，教亦不善。

——（北宋）邵雍《戒子孙文》

吾人生于天地之间，只思量做得一个人，是第一义，余事都没要紧。

——（明）高攀龙《高氏家训》

好便宜者，不可与之交财，多狐疑者，不可与之谋事。

——（清）左宗棠《左宗棠家训》

一生之成败，皆关乎朋友之贤否，不可不慎也。

——（清）曾国藩《曾国藩家训》

匿怨而用暗箭，祸延子孙。

——（明）朱柏庐《朱子家训》

今不修身而求令名于世者，犹貌甚恶而责妍影于镜也。

——（南北朝）颜之推《颜氏家训》

自修之道莫难于养心。

——（清）曾国藩《曾国藩家训》

忠信廉洁，立身之本，非钓名之具也。

——（清）曾国藩《曾国藩家训》

恶不在大，心术一坏，即入祸门。

——（明）吴麟徵《家诫要言》

以孝悌为本，以忠信为主，以廉洁为先，以诚实为要，临事让人一步，自有余地；临财放宽一分，自有余味。

——（明）高攀龙《高氏家训》

少年人只宜修身笃行，信命读书，勿深以得失为念。所谓得固欣然，败亦可喜。

——（明）吴麟徵《家诫要言》

人品须从小做起，权宜、苟且、诡随之意多，则一生人品坏矣。

——（明）吴麟徵《家诫要言》

人之气质，由于天生，本难改变，唯读书则可变化气质。

——（清）曾国藩《曾国藩家训》

一念不慎，坏败身家有余。

——（明）吴麟徵《家诫要言》

修身以求进，行道以利世。

——（南北朝）颜之推《颜氏家训》

毋私小惠而伤大体，毋借公论而快私情。

——（明）《增广贤文》

轻财足以聚人，律己足以服人，量宽足以得人，身先足以率人。

——（清）曾国藩《曾国藩家训》

仗势凌人，势败人凌我；穷巷追狗，巷穷狗咬人。

——（明）《增广贤文》

静坐常思己过，闲谈莫论人非。

——（明）《增广贤文》

童子涉世未深，良心未丧。常存此心，便是作圣之本。

——（北宋）江端友《诫子》

予之立训，更无多言，只有四语：读书者不贱，守田者不饥，积德者不倾，择交者不败。

——（清）张英《聪训斋语》

亲戚不悦，不敢外交；近者不亲，不敢求远；小者不审，不敢言大。

——（春秋）曾参《告子言》

○和睦篇

贫非人患，惟和为贵。

——（蜀汉）向朗《诫子遗言》

君子之言，多长厚端谨；小人之言，多刻薄浮华。

——（南宋）袁采《袁氏世范》

同气连枝各自荣，些些言语莫伤情；一回相见一回老，能得几时为弟兄。

——（清）张英《聪训斋语》

邻与我相比日久，最宜亲好。

——（明）姚舜牧《药言》

兄弟和，虽穷氓小户必兴；兄弟不和，虽世家宦族必败。

——（清）曾国藩《曾国藩家书》

兄弟睦则子侄爱。

——（南北朝）颜之推《颜氏家训》

一家之事，贵于安宁和睦悠久也，其道在于孝悌谦逊。

——（南宋）陆九韶《居家正本制用篇》

贤者必让，不肖者必争。

——（明）张履祥《训子语》

兄弟不和，交友无益。

——（清）林则徐《林则徐家训》

夫之所贵者，和也；妇之所贵者，柔也。

——（南宋）朱熹《家训》

○警示篇

亡家两字，曰嫖与赌；败家两字，曰暴与凶。

——（五代）章仔钧《章氏家训》

饮酒随量，不可过度，以灭德丧仪。

——（明）谢莹《谢氏家训》

勿损人而利己，勿妒贤而嫉能。勿称忿而报横逆，勿非礼而害物命。

——（南宋）朱熹《家训》

立家之道，不可过刚，不可过柔，须适厥中。

——（元）郑太和《郑氏家范》

一念不慎，败坏身家有余。

——（明）吴麟徵《家诫要言》

今人计较摆布人，费尽心思，却何曾害得人，只是自坏了心术，自损了元气。

——（明）姚舜牧《药言》

鸟必择木而栖，附托匪人者，必有危身之祸。

——（明）吴麟徵《家诫要言》

人生一善念，善虽未为而吉神已随之；人生一恶念，恶虽未为而恶神已随之。

——（清）爱觉新罗·玄烨《圣祖庭训格言》

与善人居，如入芝兰之室，久而不知其芳，与之化矣。与不善人居，如入鲍鱼之肆，久而不知其臭，与之变矣。

——（明）杨继盛《杨忠愍公遗笔》

要做好人，须寻好友；收酵若酸，哪得甜酒？

——（明）高攀龙《高氏家训》

处己接物，若常怀慢心、伪心、妒心、疑心者，皆自取轻辱于人，盛德君子所不为也。

——（南宋）袁采《袁氏家范》